Julia Lorenzer

Ein Jahr am Gardasee

Julia Lorenzer

Ein Jahr am GARDASEE

HERDER

FREIBURG · BASEL · WIEN

MIX
Papier aus verantwortungsvollen Quellen
FSC® C083411

Originalausgabe

www.herder.de

Satz: Dtp-Satzservice Peter Huber, Freiburg
Herstellung: CPI books GmbH, Leck

Printed in Germany

ISBN 978-3-451-06884-3

Inhalt

Febbraio

Als das Schild mit der Aufschrift „Rovereto sud – Lago di Garda nord“ an mir vorüberfliegt, ist es endlich so weit: Plötzlich ist die Sonne da. Kein Schnee mehr neben der Fahrbahn. Die grauen, schweren Wolken, die seit meiner Abfahrt in Rosenheim bedrückend tief am Himmel hingen, und der dichte Nebel, der das blaue „Italia“-Schild am verschneiten Brenner fast vollständig einhüllte, sind verschwunden. Noch ragen zwar rechts und links der *autostrada* die letzten Alpengipfel steil empor, doch im warmen Licht des Südens wirken die bewaldeten Bergflanken längst nicht mehr so düster und bedrohlich wie noch vor einigen Minuten.

„Ich bin da!“ Ein vorsichtiges Lächeln umspielt meine Lippen. Dann fällt mir ein, dass ich allein in meinem kleinen Auto sitze und dass meine einzigen Zuhörer die Koffer und Taschen sind, die sich hinter mir stapeln. Dass mich niemand kritisch beäugt und meine kindische Freude mit einem Stirnrunzeln oder irgendeinem abschätzigen Kommentar quittiert. Und da beginne ich, lauthals zu lachen.

Das Lachen hilft auch gegen das mulmige Gefühl in der Magengegend, das sich während der ganzen Fahrt einen erbitterten Zweikampf mit der Vorfreude auf mein neues Leben in Italien geliefert hat. Immerhin ist mein Entschluss, an den Gardasee zu ziehen, ziemlich überstürzt gefallen – obwohl ich dort doch überhaupt niemanden kenne. Sagt meine Mutter. Und es ist gut möglich, dass ich bald bereuen werde, den Job an der Schule hingeschmissen zu haben. Spätestens, wenn ich merke, dass in Italien, wo immerhin gerade eine schlimme Wirtschaftskrise herrscht, niemand auf eine etwas naive Deutsche gewartet hat, die gern im Süden leben und dort auch Geld verdienen möchte. Sagt Florian.

Tatsächlich habe ich alle ziemlich überrascht. Mich selbst eingeschlossen. Nicht mit der Offenbarung meiner Sehnsucht, einmal in Italien leben zu wollen. Damit liege ich allen, die mich kennen, seit Jahren in den Ohren. Unerwartet kam da schon eher mein plötzlicher Tatendrang und die Konsequenz, mit der ich von einem Tag auf den anderen meinen Umzug in die Wege geleitet und mich fürs Erste von meiner Familie, meinen Freunden und Florian – meinem Verlobten – verabschiedet habe, um am Gardasee ein neues Leben zu beginnen. Oder es zumindest zu probieren.

Bei der Ausfahrt „Affi – Lago di Garda sud“ verlasse ich die Autobahn. Jetzt sind es nur noch wenige Kilometer bis nach Lazise. In der kleinen Stadt am südöstlichen Ufer des Gardasees habe ich über das Internet eine bezahlbare Unterkunft gefunden: ein Zimmer, das von einem jungen Ehepaar untervermietet wird. Zentral im historischen Ortskern gelegen – das müsste doch etwas für mich sein!

Doch ein wenig aufgeregt bin ich schon. Francesca, mit der ich von zu Hause aus alles per E-Mail geklärt habe, erschien mir sehr sympathisch. Ihren Mann kenne ich noch überhaupt nicht. Ich steuere mein Auto über die kurvige Landstraße und sehe in der Ferne zum ersten Mal das blau funkelnde Wasser des Gardasees zwischen Zypressen und herrschaftlichen Villen aufblitzen. In den Weinbergen scheinen die blattlos und knorrig in Reih und Glied stehenden Weinstöcke ihren Winterschlaf zu genießen. Ich hoffe auf eine nette erste Begegnung mit meinen Vermietern. Schließlich werden diese in nächster Zeit auch meine Mitbewohner sein.

Wenige Minuten später betrete ich die Altstadt von Lazise durch ein imposantes Tor in der wuchtigen, zinnenbewehrten Stadtmauer. Dahinter herrscht Stille. Der Lärm der Hauptstraße – der „Gardesana“, die direkt vor der Mauer verläuft –

ist nur noch als leises Rauschen im Hintergrund zu hören. Auf dem mit großen, dunklen Steinen gepflasterten Weg begegnet mir keine Menschenseele. Ein eisiger Windhauch zieht durch die engen Häuserschluchten. Ich schließe den Reißverschluss meiner Jacke bis zum Kinn und frage mich, ob ich eigentlich eine Mütze eingepackt habe. Dass es trotz der Sonne empfindlich kalt ist, habe ich bereits gemerkt, als ich auf dem Parkplatz außerhalb des Zentrums aus dem Auto gestiegen bin.

Mit einem Adresszettel in der Hand laufe ich los, in die Richtung, in der mein Zuhause für die nächsten Monate liegen müsste. Die meisten Geschäfte und Bars, an denen ich vorbeikomme, sind geschlossen. Als ich vor mehr als zehn Jahren das letzte Mal in Lazise war, herrschte hier überall sommerlicher Trubel, und man hatte Mühe, sich zwischen all den Menschen durchzukämpfen. Damals war ich eine von Tausenden Touristen, die in der Saison jeden Tag durch die mittelalterlichen Gassen strömen, an den Tischen vor den Bars am Seeufer Aperol trinken, Eis oder Pizza essen, Handtaschen und Schuhe in den Schaufenstern begutachten. Und was bin ich jetzt?

„Ciao, sono Francesca!“ Die fröhliche Stimme, die auf mein Klingeln antwortet, kommt von oben. Ich lege den Kopf in den Nacken und sehe eine dunkelhaarige Frau, die sich aus einem kleinen Fenster im zweiten Stock beugt und mir zuwinkt.

„Un attimo, arrivo subito!“

Eine Minute später öffnet sich die schwere Haustür, und vor mir steht eine sportlich gekleidete Italienerin etwa meines Alters, mit leuchtenden Augen und einer Aura der Herzlichkeit, die jede Unsicherheit meinerseits sofort spielend beiseitefegt.

„Giulia? *Benvenuta*, komm’ rein!“

Francesca führt mich durch einen winzigen Innenhof in ein schmales Treppenhaus. Während wir in den zweiten Stock hinaufsteigen, erkundigt sie sich nach meiner Anreise. Mein Italienisch ist noch ein bisschen eingerostet, und ich erkläre etwas holprig, dass ich eine problemlose Fahrt hatte und sehr froh bin, jetzt hier zu sein. Wir betreten die Wohnung und stehen in einer einfach, aber geschmackvoll eingerichteten Wohnküche, die deutlich größer ist, als ich nach der Beschreibung in Francescas Internet-Annonce zu hoffen gewagt hatte. Als ich ihr das sage, lacht sie erleichtert.

„Besser so, als wenn du jetzt enttäuscht wärst! Aber ich kann dich verstehen, mir gefällt es hier auch sehr gut. Allerdings ist das Haus alt, und das merkt man an allen Ecken und Enden. Vor allem jetzt, im Winter. Aber Luis – mein Mann – und ich, wir versuchen, das Beste daraus zu machen. *Ecco*, das hier ist dein Reich!"

Mit diesen Worten öffnet Francesca eine weitere Tür und verschwindet in einem engen Korridor. Ich folge ihr, vorbei an einem winzigen Badezimmer, von dem ich erfahre, dass es zu meiner Verfügung steht, und befinde mich kurz darauf in einem kleinen Raum, der neben Bett, Schrank und Nachttisch gerade noch genug Platz für einen Sekretär aus dunklem Holz bietet. Ich gehe zum Fenster, sehe die rot gestrichene Fassade des gegenüberliegenden Hauses und – ein gutes Stück unter mir – die Gasse, durch die ich vor ein paar Minuten gekommen bin.

„Die Aussicht ist nicht gerade spektakulär", meint Francesca, die in der Tür stehen geblieben ist. „Aber wenn du das Fenster öffnest, nach rechts schaust und dich weit hinauslehnst – *ma attenzione, eh!* –, dann hast du sogar Seeblick!" Dann lachen wir beide, und ich bin mir jetzt schon sicher, dass ich mich in diesem Haus sehr wohlfühlen werde.

Nachdem ich mein Auto zum Ausladen des Gepäcks vorsichtig durch die engen Gassen gelenkt und alle Taschen und Koffer in meinem Zimmer verstaut habe, sitzen Francesca und ich am Küchentisch, jede von uns mit einer dampfenden Tasse Tee vor sich. Ich erfahre, dass Luis, Francescas Ehemann, Brasilianer ist. Er arbeitet von März bis Oktober als Koch in einem Restaurant ganz in der Nähe. Jedes Jahr im Winter versucht er, zumindest für einige Wochen in seine Heimat zu fliegen. Die letzten Male hat Francesca ihn begleitet. Brasilien gefällt ihr sehr, die Leute sind freundlich, und mit Luis' Familie kommt sie bestens zurecht. Doch die Reise ist teuer, und diesmal hat es nicht für sie beide gereicht – außerdem konnte sich Francesca nicht so lange frei nehmen.

„Ich arbeite im Moment bei meinem Schwager Matteo. Der hat eine Versicherungsvertretung, und ich kümmere mich da ein bisschen um das Büro. Akten einsortieren, Telefondienst." Sie lacht wieder, doch diesmal mit bitterem Unterton.

Eigentlich hat Francesca Innenarchitektur studiert. Bis vor einem Jahr war sie bei einer Immobilienagentur in Verona angestellt. Doch dann kam die Krise – *la crisi* –, und sie wurde zusammen mit einem Drittel der Beschäftigten entlassen. In ihrem Metier etwas Neues zu finden, ist in der derzeitigen wirtschaftlichen Situation beinahe aussichtslos, also reiht sie einen Gelegenheitsjob an den nächsten. Auch die Untervermietung ist für das Paar ein Mittel, sich in dieser schwierigen Situation etwas dazuzuverdienen. Francescas Traum ist es, eines Tages mit Luis ein eigenes Restaurant zu eröffnen, entweder am Gardasee oder, wenn es hier nicht bald wieder besser wird, vielleicht sogar in Brasilien. *Chissà?*

„Und du, Giulia? Was führt dich eigentlich hierher? Was hast du vor?"

Ich fühle mich durch die Frage etwas überrumpelt, obwohl sie doch im Grunde nicht überraschend kommt. Nach dem, was mir Francesca gerade erzählt hat, erscheinen mir meine Probleme in Deutschland plötzlich nicht mehr ganz so gravierend. Sie kommen mir jetzt beinahe ein wenig albern vor.

„Ich habe schon immer davon geträumt, einmal für längere Zeit in Italien zu leben", erkläre ich. „Und in den letzten Monaten hatte ich meine ganz persönliche Krise, mit meiner Arbeit, meinem Freund, meinem Leben. Ich hatte das Gefühl, dass ich dringend etwas verändern muss. Den Gardasee und Lazise kenne ich noch von früher, als ich mit meinen Eltern und meinen beiden Schwestern hier im Urlaub war. Immer wieder habe ich darüber nachgedacht, ob das hier der richtige Ort für mich sein könnte. Also habe ich beschlossen, es einfach auszuprobieren."

„*Brava!* Wenn man es nicht probiert, kann man es auch nicht wissen." Wieder strahlen mich Francescas Augen entwaffnend an. Sie hält mich offensichtlich weder für albern noch für naiv.

„Hast du Lust, mit mir zu essen? Ich mache die Pasta, und du erzählst weiter!"

Ich habe Kunstgeschichte studiert, mit der Vorstellung, eines Tages Artikel und Bücher über die unzähligen faszinierenden Kulturstätten Italiens zu verfassen. Oder interessierten Reisenden vor Ort die Höhepunkte der Architektur, der Bildhauerei und der Malerei dieses wunderschönen Landes näherzubringen und nebenbei über die spannende und wechselvolle Geschichte der Städte und Landschaften südlich der Alpen zu referieren. Und vor allem: um selbst dort zu leben – nicht nur für einen oder zwei Monate, sondern mindestens für ein paar Jahre. Den unendlich langen deutschen Winter hinter mir zu lassen und stattdessen zu erleben, wie die Sonne schon im März beginnt, die Kälte mit Macht in die Schranken zu weisen. Lange Abende im Freien zu genießen. Überall dem fröhlichen, lebendigen Gesang der italienischen

Sprache zu lauschen. Besuch von Bekannten aus Deutschland zu bekommen, mit ihnen an einem lauen Herbstabend durch malerische Gassen zu spazieren, um dann in einer kleinen Bar auf einen *aperitivo* einzukehren und schließlich festzustellen: „Ja, hier bin ich zu Hause!" Vielleicht auch, um den Neid meiner Besucher zu spüren, den sie unter höflichen Komplimenten zu verbergen versuchen würden.

Vor allem in den frühen Versionen meiner mediterranen Zukunftsphantasie spielte auch ein italienischer Mann eine Rolle, in den ich mich unsterblich zu verlieben plante. Nicht einer von diesen Klischee-Gigolos – nein! Ein charmanter, gebildeter, humorvoller und stilvoller Mann aus gutem Hause sollte es sein, der in seinem Charakter südländische Leichtigkeit und Lebenskunst mit emotionaler Tiefe und verantwortungsbewusster Zuverlässigkeit vereinen und damit jedes Klischee Lügen strafen würde. Umwerfend aussehen durfte er natürlich trotzdem.

Als dann Florian in mein Leben trat, und ich mich in ihn verliebte, obwohl er sehr viel deutscher war, als ich mir meinen zukünftigen Mann jemals vorgestellt hatte, wurde die Rolle des italienischen Liebhabers aus meiner Vision gestrichen und nur noch in Phasen akuter Beziehungskrisen wiederbelebt. Dafür beharrte ich Florian gegenüber umso bestimmter auf dem Rest meiner Pläne: Immer wieder erklärte ich ihm, dass es mir ernst sei und dass ich auf jeden Fall einmal längere Zeit in Italien leben wolle.

„Natürlich können wir mal ein paar Monate da verbringen", sagte der dann meistens. „Ich fände das ja auch interessant. Wirklich."

Wobei mich der wenig begeisterte Ton in seiner Stimme eher misstrauisch machte. Und wenn ich nachfragte, wann es denn ungefähr so weit sein könnte, dann hatte er stets gute Gründe parat, warum es gerade in diesem Moment ganz unmöglich sei, eine Prognose abzugeben: Erst seine Doktorarbeit, dann der Job an der Uni, mit dem er doch gerade erst angefangen habe. Oder Probleme in seiner Familie. Oder. Oder. Oder.

Und ich ließ mich immer wieder vertrösten und schrieb alle paar Monate einen Artikel für eine zweitklassige historische Zeitschrift, der in der Regel viel mit Mittelalterromantik oder Moorleichen aus der Bronzezeit, jedoch nie mit den Kunstschätzen Italiens zu tun hatte. Und weil man davon nicht leben kann, arbeitete ich zusätzlich in einer Privatschule, in der ich Kindern unheimlich reicher Eltern Nachhilfeunterricht gab. Diese quittierten meine Bemühungen regelmäßig mit abfälligen Bemerkungen über mein kleines Auto oder mein hoffnungslos veraltetes Handy. Ein Fünftklässler belehrte mich darüber, dass ihm Latein nicht so wichtig sei, er sei immerhin schon Besitzer einer Klinik. Was soll man da noch sagen? Mir fiel jedenfalls von Woche zu Woche weniger ein. Dafür stieg mein innerer Frustpegel in ungeahnte Höhen. Vor allem in den Wintermonaten, in denen ich vor Kälte schlotternd durch Schneematsch und Nieselregen zu meiner ungeliebten Arbeit fuhr und bei meiner Rückkehr einen mürrischen Verlobten vorfand, der sich unter irgendwelchen Zeitschriften aus dem 19. Jahrhundert vergraben hatte, die er für sein Seminar durcharbeiten musste.

„Weißt du, was der entscheidende Gedanke war? Der, der dazu geführt hat, dass ich tatsächlich zum Halbjahr in der Schule aufgehört habe und heute hier bin?"

Inzwischen haben Francesca und ich die vorzügliche Pasta bis auf den letzten Rest aufgegessen. Um mich für ihre Kochkünste zu revanchieren, habe ich darauf bestanden, den Abwasch zu übernehmen. Francesca sitzt noch an ihrem Platz am Küchentisch, nippt an ihrem Weinglas und hört mir aufmerksam zu.

„Es war der Gedanke an meinen Geburtstag. Der ist im

Februar. Und als ich neulich mal wieder auf dem Heimweg war, nach einem wirklich miesen Tag, da habe ich mir gedacht: *Dieses* Jahr will ich an meinem Geburtstag in Italien sein! Als ich zu Hause war, habe ich sofort Florian davon erzählt und angefangen, alles in die Wege zu leiten."

„Und Florian? Was hat er gesagt?"

„Er war von meiner Idee nicht sonderlich begeistert. Im Gegenteil! Wir haben fürchterlich gestritten. Doch das hatte ich eigentlich schon erwartet. Ich habe sowieso nicht mehr damit gerechnet, dass er mitkommen würde. Und vielleicht ist es ganz gut, dass wir mal ein wenig Abstand voneinander haben. In letzter Zeit war ich mir überhaupt nicht mehr sicher, welche Bestandteile meines Lebens mir eigentlich gut tun, und welche ich aussortieren muss. Verstehst du, was ich meine?"

„Ich glaube schon. Du willst Abstand von ihm haben, um zu sehen, ob er dir fehlen wird. Oder ob es dir ohne ihn vielleicht sogar besser geht."

So klar habe ich mir das selbst noch nie vor Augen gehalten. Doch Francesca hat recht, genau so stehen die Dinge. Für einen Moment starre ich gedankenverloren auf die Schüssel, die ich gerade abgespült habe. Dann sehe ich Francesca an und sage:

„Das war wirklich die beste Pasta meines Lebens! Von dir kann ich noch einiges lernen!"

Als ich später fröstelnd im Bett liege – glücklicherweise habe ich eine Fleecedecke mitgebracht, die deutlich besser vor der Kälte schützt als das dünne Laken, das ich auf dem Bett vorgefunden habe –, komme ich nur schwer zur Ruhe. Ich nehme mir vor, sofort mit der Arbeit zu beginnen: Themen zu recherchieren, Artikel zu schreiben und diese dann Zeitungen und Zeitschriften anzubieten. Schon von zu Hause aus habe ich einige Orte ausfindig gemacht, die ich mir unbedingt ansehen will. Einer davon ist eine kleine, aber feine Kaffeerösterei in Affi. Ich beschließe, gleich morgen dort anzurufen und einen Termin zu vereinbaren.

Und wenn die Touristensaison losgeht, denke ich, kann ich mir immer noch einen Job in einer Bar oder Eisdiele suchen, um über die Runden zu kommen. Auf jeden Fall werde ich mich nicht unterkriegen lassen und meine Zeit hier genießen!

Als ich aufwache, sind meine Füße taub vor Kälte. Meine Nase ebenso. Ich schäle mich schlotternd aus dem Bett und überprüfe den kleinen Heizkörper unter dem Fenster, den ich am Abend zuvor auf die höchste Stufe eingestellt habe. Er ist bestenfalls lauwarm. Dafür spüre ich einen frischen Luftzug, der durch das geschlossene Fenster hereinströmt. „Es ist ein altes Haus, und das merkt man", hat Francesca gestern gesagt, um dann noch hinzuzufügen: „Vor allem im Winter." Jetzt weiß ich, was sie damit gemeint hat.

Nach einer wohltuend heißen Dusche und einem kurzen Frühstück will ich unbedingt an den See, auch wenn das Wetter nicht gerade zu einem Spaziergang einlädt. Die dunklen Wolken, die ich gestern hinter mir gelassen zu haben glaubte, sind wieder da. Es nieselt. Die Mütze habe ich glücklicherweise in einem Koffer gefunden.

Bis zur Uferpromenade sind es nicht mal hundert Meter. Der See liegt ganz still da, die Regentropfen malen ein sich ständig veränderndes Muster aus kleinen Ringen auf die ansonsten regungslose Wasseroberfläche. Hier im Süden ist der See mehr als fünfzehn Kilometer breit, das gegenüberliegende Ufer ist im grauen Dunst dieses Wintertages nur schemenhaft zu erkennen. In Richtung Norden, wo sich der Gardasee wie ein Fjord zwischen steile Berghänge zwängt, erkenne ich gerade noch den verschneiten Gipfel des Monte Baldo, des höchsten Berges in dieser Gegend.

Lazise erscheint mir mit seinen geschlossenen Geschäften und menschenleeren Gassen auf den ersten Blick wie im Winterschlaf erstarrt. Doch in den nächsten Tagen merke ich, dass es zwischen all den Häusern, die anscheinend nur während der Touristensaison zum Leben erwachen, einige kleine „Inseln“ gibt, in denen das ganze Jahr über Betrieb herrscht:

Das kleine Lebensmittelgeschäft zum Beispiel, in dem ich mir am ersten Tag Orangen, Brot und Kekse kaufe.

Eine *tabaccheria*, in der mir die beiden ebenso betagten wie freundlichen Damen hinter dem Tresen geduldig erklären, welche Telefonkarte am besten für Gespräche nach Deutschland geeignet ist.

Ein Damenfriseur, durch dessen Schaufenster nachmittags warmes Licht auf die kleine *piazzetta* vor der Kirche fällt.

Und „Gipis Bar“ am alten Hafen, in der ich täglich auf eine Tasse Pfefferminztee einkehre und möglichst lange bleibe, weil dort die Heizung besser funktioniert als in meinem Zimmer. Beim ersten Mal ernte ich noch ein Stirnrunzeln, weil ich den wunderbaren *caffè* verschmähe. Doch schon bald kennt mich nicht nur Giampaolo, nach dessen Spitznamen „Gipi“ die Bar benannt ist, sondern auch seine Schwester Rita und ihr Mann Luciano, die ebenfalls oft hinter dem Tresen anzutreffen sind. Nach einigen Tagen bekomme ich meine Teetasse bereits unaufgefordert vor mich auf den Tisch gestellt, und auch Sebastiano und Davide, die Söhne von Rita und Luciano, nicken mir zu wie einer alten Bekannten, wenn sie nachmittags aus der Schule kommen.

Der erste Eindruck der Kaffeerösterei in Affi enttäuscht mich ein wenig. Von einem Familienbetrieb mit überschaubarem Angebot, bei dem nicht in erster Linie auf den Preis, sondern hauptsächlich auf die Qualität der Produkte geachtet wird, hatte ich wohl eine etwas zu romantische Vorstellung. Doch schon die Lage der Rösterei belehrt mich eines Besseren: In einem abgelegenen Gewerbegebiet, zwischen gleichförmigen Lager- und Produktionshallen verschiedener Firmen und Handelsketten habe ich mit etwas Mühe schließlich die gesuchte Adresse gefunden. Der Betrieb ist in einem schmucklosen, kastenförmigen Zweckbau untergebracht, der sich nahtlos in seine triste Umgebung einfügt.

Inzwischen stehe ich mit Alessandro della Valle, dem Juniorchef, der mir vorgestern am Telefon auf meine vorsichtige Anfrage hin bereitwillig diesen Besichtigungstermin angeboten hat, im stilvoll-modern dekorierten Eingangsbereich der Rösterei. Ich ertappe mich bei dem Gedanken, dass mein Gegenüber – im Gegensatz zu dem Gebäude, in dem wir uns befinden – optisch durchaus überzeugt: Er ist groß gewachsen, dunkle Locken umspielen seine feinen Gesichtszüge. Seine wachen Augen versprühen spitzbübischen Charme, während der perfekt sitzende Anzug die lässige Eleganz ausstrahlt, die ich so nur von italienischen Männern kenne. Plötzlich schäme ich mich für meinen Strickpullover und für meine von der Wollmütze vermutlich total zerzausten Haare.

„Darf ich Ihnen zunächst einmal einen *caffè* anbieten?" Alessandro deutet auf die kleine Theke mit Barhockern, die in einer Ecke des Eingangsbereichs platziert ist. Dahinter glänzt eine verchromte Espressomaschine, wie ich sie schon in unzähligen italienischen Bars gesehen habe. „Sie haben die freie Auswahl: Der ‚Costa del Sol' ist eher kräftig, der ‚Nero Extra' dagegen etwas milder. Oder möchten Sie den ‚Nero Classic' probieren? Das ist eine sehr ausgewogene, traditionelle Mischung."

Ich spüre, dass ich rot werde.

„Danke. Aber leider … also …" – Es hilft nichts, ich muss es ihm sagen, auch wenn es mir höchst unangenehm ist – „… um ehrlich zu sein: Ich liebe den Duft von frisch gemahlenem Kaffee, der hier in der Luft liegt – aber ich kann ihn leider nicht trinken. Wenn ich es tue, falle ich sofort in Ohnmacht! *Mi dispiace,* es tut mir leid."

Alessandro sieht mich für einen Moment verblüfft an. Doch dann kehrt auch schon sein warmherziges Lächeln zurück.

„*Che peccato!* Umso mehr freut es mich, dass Sie sich trotzdem für unseren Betrieb interessieren!"

Ohne noch ein Wort über mein „Handicap" zu verlieren, beginnt er mit der Führung durch die Anlage. Zwischen den Säcken mit Rohkaffee, der Röstanlage und der Verpackungseinheit erklärt mir Alessandro, woher die Kaffeebohnen kommen, die hier gemischt werden, und wodurch sich die verschiedenen Sorten unterscheiden. Außerdem erzählt er mir ausführlich, wie der Röstvorgang abläuft und was den *caffè espresso,* der um 1900 in Mailand erfunden wurde, so besonders macht. Nicht zuletzt gewährt mir der Juniorchef einen tiefen Einblick in die italienische Kaffeekultur.

„Überall in unserem Land wird *caffè* getrunken, das gehört zu unserer Lebensart. Aber dabei gibt es große regionale Unterschiede. In einer Bar im Süden ist zum Beispiel bei einem *caffè espresso* meist weniger in der Tasse als hier im Norden. Er ist dort nämlich in der Regel stärker – aber dafür nimmt man auch mehr Zucker!"

Am Ende habe ich mir jede Menge Notizen gemacht, und mein Kopf schwirrt vor Daten und Fakten. Ich merke, dass ich mich erst noch daran gewöhnen muss, mich so lange und konzentriert auf Italienisch zu unterhalten.

„Diese Rösterei ist ein junges Unternehmen, richtig?", frage ich abschließend. „Ich habe auf der Internetseite gelesen, dass es sie erst seit wenigen Jahren gibt. Und dass es ein Familienbetrieb ist. Arbeiten denn noch weitere Familienmitglieder hier?"

„Es stimmt, was du gelesen hast", bestätigt mir Alessandro, der – wie in Italien unter jüngeren Leuten durchaus üblich – bald vom förmlichen *„Lei"* zum vertraulicheren *„tu"* gewechselt ist. „Es ist ein Familienunternehmen. Aber meine Familie ist ... in verschiedenen Branchen engagiert. Eigentlich sind wir in Verona zu Hause. Die Rösterei ist *meine* Passion, und ich bin allein für das Unternehmen verantwortlich."

Schließlich reicht er mir noch seine Visitenkarte.

„Es ist sehr nett, dass du über uns schreiben willst. Und es war mir eine Freude, dich kennenzulernen. Wenn du noch irgendwelche Fragen hast, kannst du dich jederzeit bei mir melden."

Und weil ich zwischendurch erwähnt habe, dass ich erst vor wenigen Tagen nach Italien gekommen bin, fügt er noch augenzwinkernd hinzu: „Das gilt natürlich auch, falls du Hilfe bei der Eingewöhnung brauchst. Italien kann für Ausländer manchmal ganz schön kompliziert sein. Meine Familie und ich werden dich jedenfalls gern unterstützen."

Später sitze ich mit meinem Laptop und einer Tasse Pfefferminztee in Gipis Bar und gebe die Begriffe „della Valle" und „Verona" in die Maske der Suchmaschine ein. Kurz darauf möchte ich vor Scham im Boden versinken. Warum habe ich diese kurze Recherche nicht schon vor meinem Besuch in der Rösterei erledigt? Dann hätte ich gewusst, dass Alessandro aus einer der angesehensten Bankiersfamilien Veronas stammt, die nicht nur ein Finanzinstitut, sondern auch ein Weingut und mehrere Spezialitätengeschäfte ihr Eigen nennt. Und ich hätte nicht diese Fragen nach seiner Familie gestellt, die mir nun schrecklich peinlich sind.

Andererseits wirkt Alessandros Hilfsangebot auf mich unter diesen Umständen noch beruhigender. Ich ziehe seine Visitenkarte aus meiner Tasche und betrachte sie eingehend. Ich habe bei meiner ersten Recherche nicht nur einen sehr charmanten, interessanten und gutaussehenden Mann kennengelernt, sondern auch Kontakt zu einer einflussreichen einheimischen Familie geknüpft. Wer hätte das gedacht?

Doch zunächst einmal steht noch ein anderes Thema an: mein Geburtstag. Francesca schlägt vor, ihn mit mir zusammen in Venedig zu verbringen.

„Man kann mit dem Zug vom Gardasee direkt dorthin fahren. Wir steigen in Peschiera ein – und knappe zwei Stunden später sind wir da. Ohne Parkplatz, ohne Stress!"

Am Morgen meines Geburtstags ruft mich Florian an, um mir zu gratulieren und sich zu erkundigen, wie es mir am Gardasee geht. Unser Gespräch verläuft etwas schleppend, wir wissen beide nicht so recht, was wir sagen sollen, und verabschieden uns bald wieder.

Dann verbringe ich mit Francesca einen wunderschönen Tag in der Lagunenstadt. Auf dem Markusplatz lassen wir uns von der strahlenden Wintersonne wärmen, und während wir durch die verwinkelten Gassen schlendern, erzähle ich von den drei Wochen, die ich nach meinem Studium in einer Sprachschule in Venedig zugebracht habe. Wir sitzen in meinem damaligen Stammcafé am Campo Santa Margherita, bestaunen das Altarbild von Giovanni Bellini in der Kirche San Zaccaria und die überwältigenden Gemälde Tintorettos in der Scuola di San Rocco. Als wir schließlich mit dem *vaporetto* zurück zum Bahnhof fahren, ist die Sonne bereits untergegangen, und am Canal Grande bilden die hell erleuchteten *palazzi* den edlen Rahmen, der der „schönsten Wasserstraße der Welt" gebührt.

„Das war eine großartige Idee von dir!", stelle ich fest, als wir – erschöpft, aber glücklich – wieder im Zug sitzen. „Mein schönster Geburtstag seit langem. *Grazie*, Francesca!"

Zufrieden lehne ich mich zurück und schließe die Augen. In diesem Moment bin ich einfach nur glücklich, nach Italien gekommen zu sein.

Marzo

Mit der Zeit habe ich mich so gut es geht damit abgefunden, morgens mit steifgefrorenen Gliedmaßen aufzuwachen, die erst nach intensivem Kontakt mit heißem Wasser wieder ihre volle Bewegungsfähigkeit zurückerlangen. Der Gedanke daran, dass der italienische Frühling nicht mehr weit sein dürfte, hilft mir dabei sehr.

Doch als ich eines Morgens in den ersten Märztagen aus dem Fenster blicke, traue ich meinen Augen kaum. Ich sehe etwas, dem ich mit meinem Abschied aus Deutschland fürs Erste entkommen zu sein hoffte: Schnee!

Es ist am Ende zwar nur eine dünne Schicht von höchstens drei Zentimetern, die in den Gassen und auf den Dächern liegen bleibt – doch in Lazise und am ganzen Gardasee herrscht an diesem Tag Ausnahmezustand: Schulen bleiben geschlossen, weil die Busse vorsorglich nicht fahren, Ladenbesitzer stehen kopfschüttelnd und mit dem Schicksal hadernd vor ihren Geschäften, in die sich kein einziger Kunde verirrt, weil die Leute bei diesem *brutto tempo* lieber zu Hause bleiben.

„Sei stata tu, che hai portato la neve?", erkundigt sich Cristina – die Verkäuferin in dem kleinen *alimentari* im Zentrum – scherzhaft, während sie meine Einkäufe über den Scanner zieht. Sie hat mich bereits in ihr Herz geschlossen und begrüßt mich jedes Mal, wenn ich den Laden betrete mit einem liebevollen *„Ciao, stella!"*

Ich stelle lachend fest, dass ich keineswegs verantwortlich für den Wintereinbruch sei und frage, ob es hier – so weit im Norden Italiens und am Fuße der letzten Alpenausläufer – tatsächlich so ungewöhnlich sei, im Winter mit einem Hauch von Schnee zurechtkommen zu müssen.

„Nein, natürlich nicht!", antwortet die resolute Frau mit ihrer tiefen, volltönenden Stimme. „Wir gehen nur davon aus, dass der Schnee dort bleibt, wo er hingehört." Sie deutet vage in Richtung Norden. „Auf dem Monte Baldo! Da kann man sogar Skifahren – und von unten sieht es auch ganz hübsch aus, wenn der Berg seine weiße Mütze auf dem Kopf hat. Aber hier? Auf der Straße? Das ist doch gefährlich!"

Das schlechte Wetter und die offensichtliche Ignoranz der hiesigen Bevölkerung, was Winterreifen betrifft, beschäftigen mich jedoch nur am Rande. Viel wichtiger ist für mich die Frage, wie der Artikel über italienische Kaffeekultur, den ich nach meinem Besuch in Alessandros Rösterei verfasst und dann einigen Redaktionen in Deutschland angeboten habe, ankommt.

Die ersten Rückmeldungen sind leider enttäuschend. In den höflicheren Absagen wird mein Bericht immerhin als „interessant" und „stimmungsvoll" bezeichnet – es gibt jedoch stets einen guten Grund, ihn trotzdem nicht im jeweiligen Blatt zu veröffentlichen. Andere Redaktionen halten sich gar nicht erst mit Freundlichkeiten auf, sondern teilen mir nüchtern mit: „... derzeit besteht kein Bedarf ..." oder „... entspricht nicht unserem Profil ...". Und dann gibt es da noch diejenigen, die tage- und wochenlang überhaupt nicht reagieren, sodass ich schließlich davon ausgehen muss, mit meinem Ansinnen auch hier auf taube Ohren gestoßen zu sein.

Diese Situation frustriert mich zunehmend, was auch an dem Schicksal liegt, das eine weitere meiner journalistischen Ideen ereilt:

Der Gedanke ist mir gekommen, als ich die beinahe panischen Reaktionen der Italiener auf den unerwarteten, späten Wintereinbruch beobachtet habe. Meine Heimatstadt Rosenheim ist die Partnerstadt von Lazise, viele Rosenheimer kommen regelmäßig im Sommer hierher. Ich habe mich gefragt, ob diese Leute überhaupt eine Vorstellung vom Leben am Gardasee außerhalb der Tourismussaison haben. Und ob es für sie nicht interessant wäre, ab und zu einen unterhaltsamen Bericht aus dem Alltagsleben in ihrem Lieblings-Urlaubsort nach Hause auf den Frühstückstisch geliefert zu bekommen – vielleicht noch garniert mit einem Bild, das den Betreiber ihres Stammcafés beim Schneeschippen zeigt. Wäre das nicht eine spannende Aufgabe für mich, und gleichzeitig eine Bereicherung, was den Austausch zwischen den beiden Partnerstädten betrifft?

Begeistert habe ich meine Idee sofort dem Chefredakteur der Rosenheimer Lokalzeitung in einer ausführlichen E-Mail erläutert und einen Probeartikel über das Schneechaos am Gardasee angefügt.

Als ich nach ein paar Tagen an meinem Stammplatz in Gipis Bar die Antwort aus Rosenheim lese, weicht meine Euphorie mit jeder weiteren Zeile der Enttäuschung. Zwar ist der Chefredakteur recht angetan von der Idee, einen „direkten Draht" nach Lazise zu haben. Doch meine Vorstellung von launigen Geschichten aus dem italienischen Alltagsleben teilt er keineswegs. Dafür, so schreibt er, sehe er keinerlei Bedarf. Vielmehr sollten die Berichte aus der Partnerstadt seiner Meinung nach stets einen „Nutzwert" für die Leser in Rosenheim aufweisen. So sei es für die Planung des nächsten Urlaubs von Interesse, wenn in der Stadt ein neuer Kreisverkehr eingerichtet, die Parkplatzsituation verändert oder ein neuer Supermarkt eröffnet werde. Falls ich einmal solcherlei Informationen hätte, dürfe ich mich gern wieder melden. Mehr als ein Bild mit dreizeiligem Begleittext könne er jedoch nicht unterbringen.

„Brutte notizie?", fragt Luciano, während er mir unaufgefordert noch einen Tee bringt. Anscheinend ist ihm mein verzweifeltes Seufzen nicht entgangen.

Ich bemühe mich, ihm zu erklären, worum es in der E-Mail

ging, die ich gerade gelesen habe – scheitere allerdings bei dem Versuch, das Wort „Nutzwert" ins Italienische zu übersetzen.

Als ich schließlich entlang der Uferpromenade nach Hause spaziere, frage ich mich, ob ich vielleicht zu wählerisch bin. Immerhin hat mir die Rosenheimer Lokalzeitung nicht abgesagt – man hat dort eben nur seine eigenen Vorstellungen.

Ich bleibe stehen und starre ins Wasser des Gardasees, das an kalten und windstillen Tagen wie heute türkisgrün schimmert und so klar ist, dass ich von der Promenade aus jeden einzelnen Stein auf dem Grund erkennen kann. Eine Zeitlang beobachte ich die kleinen und größeren Fische, die in der Tiefe gemächlich ihre Bahnen ziehen.

Sollte ich in Zukunft tatsächlich Stunden und Tage damit verbringen, Straßenbaustellen zu fotografieren und mich im Rathaus von Lazise zu erkundigen, ob die Gemeinde für die nächste Saison plant, die Parkplatzgebühren zu erhöhen? Und all das, um *vielleicht* einmal eine winzige Nachricht für das Rosenheimer Lokalblatt zu haben? Nein! Das wäre nicht nur sterbenslangweilig – es würde sich auch niemals rechnen. Ich reiße mich vom Anblick des Wassers und der Fische los und setze meinen Heimweg mit dem festen Vorsatz fort, mich nicht so schnell unterkriegen zu lassen.

Bei meiner Ankunft in der Wohnung stolpere ich beinahe über einen riesigen Koffer, der mitten in der Wohnküche liegt. Und dann kommt mir auch schon ein gut gelaunter, nicht besonders großer, aber sehr sportlich wirkender Mann mit dunklem Teint entgegen, bei dem es sich nur um Luis handeln kann. Francesca hat mir die Ankunft ihres Mannes für heute bereits angekündigt.

„Giulia?" Ein leichter, an Portugiesisch erinnernder Akzent ist sogar für mich aus seinem Italienisch herauszuhören. „Ich bin Luis. Ich freue mich, dich kennenzulernen! Francesca hat mir erzählt, dass du dich schon ein bisschen eingelebt hast."

Den Rest des Tages verbringen Luis, Francesca und ich gemeinsam in der Wohnküche mit Essen, Trinken und Reden. Der Rückkehrer erzählt uns, wie es in Brasilien war, und ich erfahre dabei viel über seine Familie und seine Freunde, die allesamt im Süden des Landes, in der Nähe von Porto Alegre, wohnen.

Ich frage Luis, wie seine Eltern damit zurechtkommen, dass ihr Sohn auf einem weit entfernten Kontinent lebt und arbeitet und sie sich nur einmal im Jahr sehen.

„Das ist natürlich nicht leicht für uns. Aber ich bin weggegangen, weil es in Brasilien einfach zu wenige Möglichkeiten gibt – das haben alle verstanden. Meiner Mutter fällt es immer noch sehr schwer, mich wieder nach Europa aufbrechen zu sehen."

„Und wie hat deine Familie reagiert, als du erzählt hast, dass du eine Italienerin heiraten willst?"

„Zuerst waren sie skeptisch. Aber als Francesca dann zum ersten Mal mit mir nach Brasilien gekommen ist und meine Eltern sie kennengelernt haben, war das bald verflogen. Sie haben sie gleich in ihr Herz geschlossen! Weißt du, wir Brasilianer sind sehr offen – und wenn wir jemanden nett finden, dann macht es uns nichts aus, woher er oder sie stammt. So war es auch mit Francesca und meiner Familie – sie gehört heute einfach mit dazu!"

„Habt ihr dort geheiratet oder hier in Italien?"

An dieser Stelle schaltet sich Francesca ein:

„Wir haben hier in Lazise geheiratet. Luis' Eltern und Geschwister sind damals angereist, von meiner Seite waren dann auch nur die engsten Verwandten und Freunde dabei. So war es ausgewogen – und auch nicht so teuer! Eine derart kleine Hochzeit hat es allerdings vorher in meiner Familie noch nie gegeben. Meine Schwester hatte das volle Programm:

150 Gäste, Acht-Gänge-Menü, gemietete Luxuslimousine – dabei sind wir eigentlich eine bodenständige, einfache Familie! Ich hätte das für mich nie gewollt."

„Und *deine* Eltern?", frage ich, wobei ich hoffe, nicht zu neugierig zu erscheinen. „Wie sind die damit zurechtgekommen, dass ihr Schwiegersohn kein Italiener ist, sondern Brasilianer?"

Ich habe bereits mitbekommen, dass Francesca ein sehr enges Verhältnis zu ihrer *mamma* pflegt. Obwohl die Eltern ebenfalls in Lazise leben, telefonieren Mutter und Tochter im Durchschnitt dreimal täglich miteinander. Dabei können sie über ein aktuelles Sonderangebot im örtlichen Supermarkt ebenso lautstark diskutieren wie über die jüngsten Eskapaden von Nicola, Francescas halbwüchsigem Neffen. Oft rufen sie sich aber auch nur an, um sich mitzuteilen, dass es gerade nichts Besonderes mitzuteilen gibt.

Meine Frage lässt Francesca schmunzeln.

„Für *papà* war das kein Problem. Er hat gesagt: ‚Wenn *du* glücklich mit ihm bist, dann bin *ich* es auch.' *Mamma* war da schon eine härtere Nuss."

Auf diese Bemerkung hin lacht ihr Mann kurz auf und nickt zustimmend.

„Doch inzwischen hat sie längst verstanden, dass Luis einen *buon carattere* hat, dass er ein zuverlässiger, fleißiger Mann ist", fährt Francesca lächelnd fort. „Und dass er mich wirklich liebt. Er ist eben einfach der Richtige."

Darauf stoßen wir an – und dann wollen die beiden wissen, wie ich mir meine eigene Hochzeit vorstelle.

„Bei mir muss es auf jeden Fall auch kein riesiges Fest mit Hunderten von Gästen sein", antworte ich. „Aber es wäre mir wichtig, an einem schönen, besonderen Ort zu heiraten. So wie hier in Lazise. Das stelle ich mir wundervoll vor: erst die Zeremonie in eurer schönen Kirche und dann ein romantischer Spaziergang an der Seepromenade ..."

„Das denken sich viele deiner Landsleute!", unterbricht Francesca meine Tagträume. „Im Frühling und im Sommer sieht man in Lazise fast täglich Hochzeitsgesellschaften, die für die Trauung und das Fest von weither angereist sind. Du müsstest dich allerdings darauf einstellen, dass das nicht ganz billig wird! Die Kirche verlangt von ausländischen Paaren eine weitaus höhere Gebühr als von Einheimischen. Das Rathaus genauso, die nehmen, glaube ich, zurzeit 500 Euro! Die Verantwortlichen haben anscheinend begriffen, dass sich viele Leute dieses wunderbare Ambiente einiges kosten lassen. Dem könntest du nur entgehen, wenn deine Wahl auf einen Italiener fällt!"

Ich wechsle das Thema und komme auf meine jüngsten deprimierenden Erfahrungen mit diversen Zeitungs- und Magazinredaktionen zu sprechen. Meine beiden Vermieter versuchen, mich zu trösten und mir Mut zu machen.

„Der Anfang ist immer schwer!", sagt Luis. „Du musst dranbleiben, es weiter probieren. Irgendwann triffst du auf Leute, die deine Ideen zu schätzen wissen. Da bin ich mir sicher!"

Als ich später in meinem Bett liege und nicht einschlafen kann, gehen mir diese Worte wieder und wieder durch den Kopf. Wenn ich nur selbst so zuversichtlich wäre …

Einige Tage danach, als mich Cristina im *alimentari* gerade über die Besonderheiten des von ihr hochgeschätzten „Monte-Veronese"-Käses aus der hiesigen Region aufklärt, klingelt mein Handy. Ich entschuldige mich, verlasse flugs den kleinen Laden und trete hinaus in die regnerische Kälte, bevor ich das Gespräch annehme.

„Hallo Julia, hier ist Herbert!"

Herbert? Mit diesem Anruf habe ich nun wirklich nicht gerechnet. Herbert ist ein alter Freund meiner Familie, der ein Reiseunternehmen in Landshut betreibt. Während des

Studiums habe ich mir mit dem Verfassen seiner Werbetexte und dem Lektorieren seiner Kataloge etwas dazuverdient – wir haben uns immer gut verstanden, hatten seitdem jedoch nicht mehr viel Kontakt.

„Deine Mutter hat mir erzählt, dass du für längere Zeit am Gardasee bist", erklärt Herbert. Wir tauschen ein paar Freundlichkeiten aus, dann kommt er zum Grund seines Anrufs.

„Ich habe ein Problem. Einer meiner Reiseleiter hat sich für längere Zeit krank gemeldet. Er war unter anderem im Mai für eine mehrtägige Gardasee-Tour eingeplant, die bereits ausgebucht ist. Ich brauche dringend jemanden, der die Gruppe übernimmt. Na ja, und weil ich gehört hatte, dass du gerade da unten bist, habe ich gleich an dich gedacht. Deine Mutter hat nämlich auch erwähnt, dass du auf Jobsuche bist."

Für einen Moment weiß ich nicht, ob ich mich über die Redseligkeit meiner Mutter ärgern, mich über das unverhoffte Angebot freuen oder doch eher vor der damit verbundenen Herausforderung zurückschrecken soll. Vorläufig entscheide ich mich für Letzteres.

„Ich ... ehrlich gesagt: Ich weiß nicht, ob ich das kann! Ich war noch nie Reiseleiterin."

„Julia, ich bin mir sicher, dass dir diese Arbeit liegt. Du bist ja quasi genetisch vorbelastet, schließlich war dein Vater jahrzehntelang als Reiseleiter unterwegs! Außerdem habe ich gesehen, wie du die Führungen im Schloss Herrenchiemsee gemacht hast. Du warst spitze!"

Tatsächlich war ich ein paar Jahre lang in den Semesterferien als Führerin im Schloss Ludwigs II. auf der Herreninsel im Chiemsee tätig. Das war eine gute Schule, was den Umgang mit Reisegruppen betrifft.

Am Ende unseres Gesprächs räumt mir Herbert einige Tage Bedenkzeit ein.

„Ich kenne dich und ich vertraue dir, Julia. Aber überleg'

es dir ruhig erst mal und sag' mir dann Bescheid. Wenn du es machen willst, dann schicke ich dir alle Unterlagen, die du brauchst, damit du bestens vorbereitet bist. In Ordnung?"

„In Ordnung, Herbert. Ich melde mich bei dir. Und – danke für das Angebot!"

Ich lege auf, schiebe das Handy in meine Jackentasche und stehe ein paar Minuten gedankenverloren im Nieselregen, bevor ich höre, wie hinter mir die Tür des *alimentari* aufgerissen wird. Ich drehe mich um und sehe Cristina, die ein Päckchen aus weißem Papier in der Hand hält.

„Da bist du ja, *stella*!", ruft sie. „Gott sei Dank! Ich habe schon befürchtet, dass du mir davongelaufen bist."

Dann drückt sie mir das Päckchen in die Hand.

„Hier. Ich habe dir ein Stück Monte Veronese eingepackt, damit du ihn probieren kannst. Wenn du wiederkommst, erzählst du mir, wie er dir geschmeckt hat, *d'accordo*?"

In den darauffolgenden Tagen überlege ich hin und her, ob ich das Angebot von Herbert annehmen soll. Francesca und Luis finden, dass das eine großartige Gelegenheit sei und dass ich dabei viele neue Erfahrungen sammeln könne. Das ist schon möglich – aber trotzdem zweifle ich noch.

Schon jetzt – noch vor Beginn der eigentlichen Saison – sieht man vereinzelt Reisebusse vor der Stadtmauer von Lazise stehen und die dazugehörigen Gruppen aus Deutschland, England oder den Niederlanden durch die Gassen der Altstadt spazieren. Jetzt frage ich mich bei deren Anblick jedes Mal, ob ich mir wirklich vorstellen kann, demnächst für das Wohlergehen einer solchen Herde die alleinige Verantwortung zu tragen. Und wäre das nicht ein Rückschritt, was meine eigentlichen Pläne betrifft? Hätte ich dann überhaupt noch Zeit und Energie, mich um Abnehmer für meine Artikel zu bemühen?

Auf jeden Fall möchte ich weiter versuchen, journalistisch am Gardasee Fuß zu fassen. Und weil man mir schon oft gesagt hat, dass es in dieser Branche für Neulinge unerlässlich sei, sich ein Netzwerk aufzubauen, habe ich einen Gesprächstermin mit Marlies Kessler vereinbart. Sie ist eine deutsche Autorin, die bereits einige Restaurantführer für die Gardasee-Region veröffentlicht hat und deren neuestes Werk – eine Art Reiseführer zu besonderen Orten am See – auch in der *tabaccheria* in Lazise ausliegt. Im Klappentext habe ich gelesen, dass Frau Kessler in der Nähe von Lazise wohnt, und daraufhin beschlossen, sie einfach einmal anzurufen. Als ich ihr am Telefon meine Situation erläutert habe, hat sie sehr verständnisvoll reagiert und sich gern zu einem Treffen in Gipis Bar bereiterklärt.

Ich bin ein bisschen aufgeregt, als ich zur vereinbarten Zeit auf Marlies Kessler warte. Immerhin ist sie eine etablierte Autorin, diese Tatsache flößt mir ein wenig Respekt ein.

Als sie – mit einer Viertelstunde Verspätung – erscheint und sich mit einem etwas abschätzigen Blick in der Bar umsieht, fällt mir mit Schrecken ein, dass Frau Kessler in ihrem Restaurantführer ja die mondänere Bar „Lazisium" gleich nebenan empfiehlt. Schließlich setzt sich die stark geschminkte und auffällig blondierte Frau, deren Verlagsfoto offensichtlich bereits vor längerer Zeit aufgenommen wurde, an meinen Tisch und beginnt ohne große Umschweife von ihrem hektischen Alltag zu berichten: Gestern noch seien zwei Redakteure einer großen überregionalen Zeitung bei ihr gewesen, die eine Porträtreihe über Deutsche verfassen, die am Gardasee leben. Normalerweise sei sie ja sehr zurückhaltend, was Veröffentlichungen über ihr Privatleben betreffe, aber manchmal müsse man so etwas eben über sich ergehen lassen.

Mit etwas Mühe gelingt es mir schließlich, das Gespräch auf meine Ambitionen als Autorin zu lenken. Was Frau Kessler dazu zu sagen hat, ist allerdings nicht besonders ermutigend: Seit sie angefangen habe, habe sich alles verändert. Das Internet, die Digitalisierung – heute könne man vom Schreiben nicht mehr leben, und sie würde jungen Leuten nie empfehlen, sich Hoffnungen dieser Art zu machen.

Auf meinen schüchternen Einwurf, dass Marlies Kessler selbst mit ihrem neuen Gardasee-Führer aber doch gerade wieder einen Bestseller gelandet habe, was doch darauf hindeute, dass man mit dem richtigen Thema noch immer ein großes Publikum ansprechen könne, antwortet sie trocken:

„Das liegt *nur* an meinem Namen. Ich bin ja schon so lange dabei – der Name ‚Marlies Kessler' ist am Gardasee eine Institution. Damit verkauft sich *alles*! Der Verlag hat mir schon wieder einige neue Projekte vorgeschlagen, aber ich bin da sehr wählerisch."

Als sie sich schließlich von ihrem Platz erhebt – natürlich nicht, ohne mir versichert zu haben, dass sie mich immer gern unterstützen werde, soweit es ihr möglich sei – und die Bar verlässt, bleibe ich etwas verstört zurück.

„Wer war denn das?", fragt Luciano, als er unsere Tassen abräumt.

„Luciano, das war Marlies Kessler!", antworte ich. „Die bekannte Autorin!"

„Bekannt?" Luciano verzieht das Gesicht und zuckt mit den Schultern. „Also *ich* kenn' die nicht."

Als ich etwas später wieder ins Freie trete, habe ich einen Entschluss gefasst. Ich nehme mein *telefonino* zur Hand und wähle eine Nummer in Deutschland. Es klingelt ein paarmal, bevor Herbert abnimmt. Ich sage ihm, dass ich es mir überlegt habe und ich seine Reisegruppe gern übernehmen werde.

„Ja, das stimmt. Wer Touristengruppen durch die hiesigen Ortschaften führen möchte, muss im Besitz einer entsprechenden *autorizzazione* sein."

„Und wie bekomme ich die?"

„Die werden von der Provinz ausgestellt. In unserem Fall

vom *Ufficio Professioni Turistiche* in Verona. Dort müssen Sie den Antrag ausfüllen und die erforderlichen Dokumente einreichen. Auf der Website der *Provincia di Verona* können Sie nachlesen, was Sie bei der Antragstellung vorlegen müssen und welche Gebühren für die Bearbeitung anfallen."

Gebühren? Natürlich, damit hätte ich rechnen müssen. Nun gut, die wird sicherlich Herbert übernehmen.

Ich bedanke mich bei der freundlichen Verwaltungsangestellten, die mir so bereitwillig Auskunft gegeben hat, und verlasse das Rathaus von Lazise.

Herbert hat mir nach meiner Zusage versprochen, alle nötigen Unterlagen sofort loszuschicken, und mich gebeten, mich um die Genehmigung zu kümmern, die Reiseleiter in vielen Gegenden Italiens vorweisen müssen. Er meinte, das sei keine große Sache – und nach allem, was ich gerade erfahren habe, scheint er recht zu behalten.

Erst als ich schon mitten auf der eindrucksvollen Piazza Vittorio Emanuele II mit ihrem schwarz-weißen Schachbrettmuster stehe, fällt mir ein, dass es da ein Problem gibt, das ich bisher nicht bedacht habe: An den Gardasee grenzen die drei Regionen Veneto, Lombardei und Trentino – und damit auch drei verschiedene Provinzen, nämlich Verona, Brescia und Trient. Ich brauche also drei Genehmigungen von ebenso vielen verschiedenen Ämtern!

Etwas später, beim Studium der Internetseiten der betreffenden Provinzverwaltungen, gerate ich zunehmend in Verwirrung. Anscheinend sind die Bestimmungen sehr unterschiedlich – oder verstehe ich nur das umständliche Amtsitalienisch nicht richtig, in dem die Informationen im Internet formuliert sind? Jedenfalls bin ich mir ziemlich sicher, dass ich die Ämter in Verona, Brescia und Trient mehrmals werde besuchen müssen, um die *autorizzazioni* als Begleiterin von Touristengruppen zu erhalten. Und was habe ich nicht schon für

Horrorgeschichten über die italienische Bürokratie und die endlosen Wartezeiten in den hiesigen Behörden erzählt bekommen! Das wird mich mindestens einige Tage und wahrscheinlich unzählige Nerven kosten!

Gerade als ich wieder an meiner Entscheidung zu zweifeln beginne, sehe ich, dass eine der Zeitschriften, die wochenlang nicht auf das Angebot meines Kaffee-Artikels geantwortet haben, mir eine Mail geschickt hat. Der erste Absatz liest sich wie die üblichen Absagen der höflicheren Sorte – doch dann folgt ein Abschnitt, der mich aufhorchen lässt:

„Wir planen, in Zukunft in unregelmäßigen Abständen Sonderausgaben zum Thema ‚Essen und Trinken in Europa' zu bringen. In diesem Zusammenhang wäre Ihr Beitrag zur italienischen Kaffeekultur sehr interessant, aber eventuell thematisch etwas zu eng gefasst. Vielleicht könnten Sie den Bericht noch ein wenig erweitern?"

Erweitern? Das klingt doch ermutigend! Sofort vergesse ich jeden Gedanken an stundenlanges Ausharren in tristen Amtsstuben und den Kampf mit der italienischen Bürokratie. Stattdessen überlege ich fieberhaft, mit welchen kulinarischen Themen ich meinen Bericht über die Kaffeerösterei in Affi ergänzen könnte. Es dauert nicht lange, bis mir wieder einfällt, dass Alessandros Familie auch im Weingeschäft engagiert ist. Schließlich krame ich seine Visitenkarte aus meinem Portemonnaie und rufe ihn an.

Während es klingelt, bin ich ein wenig aufgeregt. Hoffentlich gehe ich Alessandro mit meiner erneuten Anfrage nicht auf die Nerven. Vielleicht war sein Hilfsangebot am Ende unseres Treffens ja doch nur eine Höflichkeitsfloskel? Wird er sich überhaupt noch an mich erinnern?

„Ciao, Giulia, che piacere! Schön, dich zu hören."

Alessandros erste Reaktion, nachdem er meine Stimme gehört hat, erleichtert mich. Er freut sich offenbar ehrlich über meinen Anruf.

„Ich werde gern eine Besichtigungstour für dich in einem unserer Weingüter organisieren. Zu so einer Führung gehört natürlich eine Verkostung – falls wir damit nicht riskieren, dass du in Ohnmacht fällst!"

Ich verneine lachend und versichere ihm, dass ich Wein deutlich besser vertrage als Kaffee. Dann fällt Alessandro noch etwas ein:

„Ich bin übrigens gerade dabei, unseren Stand für die diesjährige ‚Vinitaly' vorzubereiten. Die findet Anfang April statt. Wenn das nicht zu spät ist, dann könntest du dort sicher auch Informationen für deinen Artikel bekommen."

Die „Vinitaly" ist *die* Weinmesse Italiens, und sie findet jedes Jahr in Verona statt – so viel weiß ich bereits. Alessandro hat natürlich recht: Eine bessere Veranstaltung könnte es für meine Recherchen gar nicht geben! Ich gehe gern auf sein Angebot ein, ihn an einem der Messetage zu begleiten.

„Und, wie geht es dir sonst so?", fragt Alessandro schließlich. „Kommst du gut zurecht?"

„Es geht mir gut, danke", antworte ich. „Nur eine Sache bereitet mir momentan ein paar Probleme ..."

Und dann erzähle ich ihm von Herberts Angebot und meiner Sorge, dass ich die nächsten Wochen mit Warten in diversen Ämtern und dem wiederholten Ausfüllen mir gänzlich unverständlicher Antragsformulare verbringen werde. Alessandro hört sich alles geduldig an, bevor er gelassen feststellt:

„*Non ti preoccupare, Giulia. Ci penso io.* Mach' dir keine Gedanken. Ich kümmere mich darum."

Ende März ist plötzlich der Frühling da. Schon bevor ich morgens zum ersten Mal aus dem Fenster sehe, bemerke ich die Veränderung – ich kann sie hören! Während ich Lazise in den vergangenen Wochen als ausgesprochen stillen, beinahe verschlafenen Ort erlebt habe, sind die Gassen nun von schier unablässigem Stimmengewirr erfüllt.

Als ich die Wohnung verlasse, spüre ich sofort, dass die Luft heute um ein paar Grad wärmer ist als zuletzt. Auf dem Weg zur Uferpromenade gehe ich an vielen weit geöffneten Fenstern vorbei, wo ich bisher nur geschlossene Läden gesehen habe. Auf einmal stehen vor jeder *bar* und vor jedem *ristorante* Stühle und Tische – und die ersten Gäste lassen sich bereits bei *caffè* und *brioche* die Sonne ins Gesicht scheinen. Wo kommen plötzlich all die Menschen her?

Nur vereinzelt höre ich jemanden Deutsch oder Englisch sprechen, noch sind die Italiener eindeutig in der Überzahl. Bei den meisten Müßiggängern, die diesen ersten echten Frühlingstag am See genießen, handelt es sich wohl um Einheimische aus Lazise und der näheren Umgebung. Doch so manche Familie, bei der *papà, mamma* und auch die *bambini* perfekt gestylt und in besonders edle Stoffe gehüllt sind, scheint heute für die *passeggiata* – den gemeinsamen Spaziergang – auf der Promenade extra aus Verona, Mantua oder sogar Mailand an den Gardasee gekommen zu sein.

Auch vor der Eisdiele am alten Hafen bilden die Kunden bereits lange Schlangen. Ich reihe mich ein, hole mir einen Becher Joghurt-Eis und setze mich damit auf das von der Sonne gewärmte Steinpflaster am Rand des Hafenbeckens. Während ich meine Füße über dem Wasser baumeln lasse, beobachte ich weiterhin fasziniert das bunte Treiben.

Zwischendurch muss ich an Florian und an meine Mutter denken – und an die vielen Mahnungen und Warnungen, die mir beide beim Aufbruch aus Deutschland mit auf den Weg gegeben haben. Dafür, dass ich erst ein paar Wochen hier bin, haben sich doch schon erstaunlich viele neue Perspektiven für mich ergeben. Ich habe Kontakte geknüpft und Pläne für die nächsten Wochen und Monate geschmiedet.

„Non ti preoccupare, Giulia“, sage ich zu mir selbst. „Bis jetzt hast du doch alles ziemlich gut hingekriegt!“

Aprile

„Buona Pasqua!"

Francesca begrüßt mich am Morgen des Ostersonntags besonders enthusiastisch. Gleich nach dem Frühstück möchten sie und Luis nach Arco aufbrechen, wo sie sich mit einem befreundeten Paar zum Klettern verabredet haben. Das überrascht mich – ich hatte angenommen, dass italienische Familien, in denen traditionell enge Beziehungen gepflegt werden, das Osterfest auf jeden Fall gemeinsam feiern. Doch Francesca erklärt mir, dass das nicht unbedingt so sein muss.

„Wir haben ein Sprichwort: ‚*Natale con i tuoi – pasqua con chi vuoi!* Weihnachten mit den Deinen – Ostern mit wem du willst!' Meine Eltern sind heute bei meinem Onkel eingeladen. Und ich freue mich, dass Luis frei hat und wir gemeinsam etwas unternehmen können. Im Sommer wird das ja leider nicht mehr so oft möglich sein ... Du kannst übrigens gern mitkommen, Giulia! Warst du schon mal beim Klettern?"

Ich lehne dankend ab – mit der ehrlichen Begründung, dass ich zwar nichts gegen eine entspannte Bergwanderung habe, mich jedoch als äußerst ungeeignet für waghalsige Touren an senkrechten Felswänden erachte.

„*Va bene*", sagt Francesca daraufhin. „Wenn das so ist, dann habe ich für morgen schon einen Plan! Ein *Pasquetta*-Ausflug, der dir bestimmt gefallen wird!"

Während Francesca und Luis längst auf dem Weg nach Arco sind, stehe ich beim Ostergottesdienst in der Kirche von Lazise in einer der hinteren Reihen. An einen Sitzplatz ist nicht mehr zu denken – das durchaus geräumige Gotteshaus platzt an diesem Vormittag aus allen Nähten!

Mir haben die Messen in Italien schon immer besser gefallen als in Deutschland. Die einfachen, stets mit einem leicht melancholischen Unterton versehenen Melodien der italienischen Kirchenlieder rühren mich besonders an. Außerdem bin ich jedes Mal beeindruckt von der selbstverständlichen Offenheit, mit der die hiesigen Gottesdienstbesucher beim Friedensgruß aufeinander zugehen und einander *„pace“* wünschen – während die Deutschen meist peinlich darauf bedacht scheinen, nur nicht mit denjenigen, die neben ihnen in der Kirchenbank sitzen, in Kontakt zu kommen.

Als ich nach dem Gottesdienst auf die *piazzetta* vor der Kirche trete und die Sonne am wolkenlosen, strahlend blauen Himmel stehen sehe, beschließe ich spontan, einen ausgedehnten Spaziergang nach Bardolino zu unternehmen. Von Lazise aus kann man zu Fuß immer direkt am Wasser über Cisano bis in den Ort gehen, der einer der bekanntesten Weinsorten des Veneto seinen Namen gegeben hat.

Etwa eineinhalb Stunden flaniere ich am Ufer entlang, vorbei an herrschaftlichen Villen, großen und kleinen Hotels, Campingplätzen und einer Bootswerft. Einsam fühle ich mich auf dem Weg nie, unzählige Paare und Familien – viele in Begleitung von Hunden – hatten dieselbe Idee wie ich.

In Bardolino angekommen, gönne ich mir ein Eis und setze mich auf eine Mauer am Hafen, in dem die mit bunten Planen abgedeckten Ruder- und Segelboote vom leichten Seegang sanft auf- und abgeschaukelt werden. Eigentlich hatte ich geplant, auch zurückzulaufen – doch gerade als ich wieder aufbrechen will, ertönt das Signalhorn eines Passagierschiffes, das Kurs auf den Landungssteg von Bardolino genommen hat. Ich erkundige mich bei der Kartenverkäuferin – und siehe da: Der nächste Halt ist Lazise! Spontan lege ich drei Euro auf die Verkaufstheke und entscheide mich damit gegen den langwierigen Fußmarsch und für die bequeme, viertelstündige Heimreise an Deck des Schiffes.

So ruhig und entspannt mein Ostersonntag vergangen ist, so überraschend verläuft der versprochene Ausflug, den ich an *Pasquetta* mit Francesca unternehme. Luis muss am Ostermontag schon wieder arbeiten, deshalb sind wir Frauen heute allein unterwegs.

Mit Francescas Vespa fahren wir auf der Gardesana Richtung Norden, bis nach Brenzone. Ich sitze hinter meiner Vermieterin und klammere mich an sie, während wir uns in Garda und Torri durch die feiertäglichen Autokolonnen schlängeln und dann, auf freier Strecke, mit dem in der Sonne glitzernden See zur Linken und der steilen Flanke des Monte Baldo zur Rechten, wieder Gas geben. Mehr als einmal entfährt mir ein freudiges Jauchzen – in Italien Vespa fahren, davon habe ich schon immer geträumt!

Schließlich fahren wir von der Hauptstraße nach rechts ab und folgen einem Schild, das den Ort „Marniga" ankündigt. Zwischen Berg und See ist hier nur wenig Platz, es geht sogleich ziemlich steil nach oben. In dem kleinen, verschlafenen Dorf fallen mir sofort die vielen Autos auf, die sich in jede noch so kleine Lücke zwängen. Für die Vespa finden wir allerdings problemlos noch einen Platz – und ich bin mehr als neugierig, endlich zu erfahren, was das eigentliche Ziel unseres Ausflugs ist.

„Wir gehen nach Campo! Das ist nicht weit von hier, nur etwas mehr als eine Viertelstunde", enthüllt mir Francesca schließlich das Geheimnis, während wir Marniga durch eine enge, sehr steil ansteigende Gasse verlassen. Es ist ein schmaler und holpriger, offensichtlich uralter Eselspfad, auf dem wir uns – bald schwer atmend – durch einen terrassenartig angelegten Olivenhain nach oben kämpfen. Wir sind nicht die Einzigen, die diesen beschwerlichen Marsch auf sich nehmen, vor und hinter uns quälen sich Einheimische jeden Alters und auch einige sportliche Touristen die Bergflanke hinauf.

„Einen bequemeren Weg gibt es nicht", erklärt Francesca, als wir zwischendurch eine kleine Verschnaufpause einlegen. „Deswegen ist Campo längst ein verlassenes Geisterdorf. Die Menschen sind von dort weggezogen, nach Marniga, Brenzone oder in einen anderen Ort, den man mit dem Auto erreichen kann. Aber zu *Pasquetta* kommen sie traditionell in Campo zusammen, um zu feiern. Dazu gibt es *bigoli con le agole* und *vino rosso*."

Wir setzen unsere Wanderung fort, und ich staune über die grandiose Sicht auf den Gardasee, die sich darbietet, sobald die Olivenbäume einmal ein wenig Platz lassen. Dann tauchen vor uns plötzlich einige Dächer auf, wir hören Stimmen und Musik. Manche der Bäume direkt am Ortseingang von Campo sind passend zur festlichen Gelegenheit bunt dekoriert – und bald umweht uns auch der Duft köstlicher Speisen.

Campo sieht tatsächlich aus wie ein Geisterdorf: Viele Häuser sind verfallen, von manchen steht nur noch eine einzige Wand. Während wir durch die Gassen schlendern, an deren Rändern wegen des Festes überall Klappstühle und Tische verschiedenster Art aufgestellt sind, erfahre ich, dass diese Häuser auf das 11. Jahrhundert zurückgehen. Eine Handvoll Menschen lebt hier heute wieder, und seit über zehn Jahren wird daran gearbeitet, das historische Dorf zu restaurieren.

Dann besichtigen Francesca und ich die kleine Kirche des Ortes – und ich traue meinen Augen kaum: Wunderschöne mittelalterliche Fresken an den uralten Wänden zeigen verschiedene Heilige oder illustrieren Geschichten aus der Bibel. Ich nehme mir Zeit, die Bilder eines nach dem anderen genau zu studieren. Als wir danach wieder ins Freie treten, uns einen gemütlichen Sitzplatz mit Seeblick suchen und Rotwein aus einem Pappbecher trinken, fühle ich mich wie verzaubert. Niemals hätte ich geglaubt, so nahe an der vielbefahrenen Gardesana solch einen beschaulichen und ursprünglichen Ort zu finden!

Natürlich muss ich auch noch die *bigoli* probieren – eine Pastasorte, die an dicke Spaghetti erinnert und zum heutigen Fest traditionell mit Sardinen serviert wird. Dann machen Francesca und ich uns wieder auf den holprigen Weg nach unten. Nach zehn Minuten hören wir unter uns das Rauschen der Gardesana, und als wir in Marniga erneut auf Francescas Vespa steigen und über die Seestraße zurückbrausen, fühlt es sich an, als seien wir gerade von einer Reise in eine längst vergangene, weniger laute und hektische Epoche in die pulsierende Gegenwart des *Lago di Garda* zurückgekehrt.

Bald darauf steht der Besuch im Valpolicella auf dem Weingut von Alessandros Familie an. Um mich bei dieser Gelegenheit nicht unnötig zu blamieren – ich kenne zwar den Namen „Valpolicella" und kann Rotwein von Weißwein unterscheiden, doch viel weiter reicht mein Wissen auf diesem Gebiet bisher nicht –, recherchiere ich vorher ausführlich im Internet.

Schnell lerne ich dabei, wie bunt die Wein-Landkarte rund um den Gardasee tatsächlich ist. Sie setzt sich aus schier unzähligen Namen zusammen, von denen ich die meisten schon einmal gehört oder gelesen habe – sei es im Weinregal im Supermarkt oder auf der Getränkekarte einer Trattoria:

Im Norden werden mit dem „Marzemino" und dem „Enantio" zwei traditionsreiche, kräftige Rotweine produziert, südlich des Sees bilden die Namen „Lugana" und „Custoza" die Flaggschiffe des regionalen Weißweins. Ans Westufer schließt sich das Valtènesi-Gebiet an, in dem neben der typischen, roten „Grapello"-Traube noch eine ganze Reihe anderer Sorten angebaut werden. Und im Osten? Der Name „Bardolino" steht auch für viele Deutsche für *den* Gardasee-Wein schlechthin – allerdings gelten sowohl der *rosso* als auch die *chiaretto* genannte Rosé-Variante eher als Massen- denn als Spitzenprodukte.

Östlich der Etsch liegt dann die Region, die die Herzen der Weinkenner wirklich höherschlagen lässt: das Valpolicella. Neben dem nach der Region benannten und ebenfalls sehr massentauglichen Standardprodukt wird hier mit dem „Amarone“ ein echter Spitzenwein produziert. Dieser kräftige Rote rangiert, sowohl sein Renommee als auch seinen Preis betreffend, in den gleichen Sphären wie der toskanische „Brunello“ oder der „Barolo“ aus dem Piemont. Über die spezielle Art der Herstellung, die diesen edlen Tropfen hervorbringt, werde ich bei meiner Besichtigung sicherlich noch mehr erfahren.

Das Valpolicella ist eines der traditionsreichsten Anbaugebiete in Norditalien. Erstaunt stelle ich fest, dass dort Weinberge existieren, die schon von den alten Römern angelegt wurden. Und dann ist da sogar ein Gut, das seit zwanzig Generationen von den Nachkommen des berühmten Dante Alighieri betrieben wird. Dantes Sohn Pietro hat es 1353 gekauft – und heute gehört es dem Grafen Serego Alighieri, seines Zeichens direkter Nachfahre des Dichters der „Göttlichen Komödie“.

„Das Geheimnis des ‚Amarone‘ liegt in der Behandlung der Trauben. Nach der Ernte verarbeiten wir sie nicht gleich, sondern lassen sie in diesen Gestellen bis Dezember auf Bambusmatten trocknen. Die Zuckerkonzentration steigt dadurch erheblich.“

Irene Gagliano, die etwa vierzigjährige, sehr adrett gekleidete Marketing-Beauftragte des Weinguts, spricht ein flüssiges, routiniertes Englisch, das durch den deutlichen italienischen Akzent umso sympathischer klingt. Zusammen mit ihr und drei wohlsituierten nordamerikanischen Paaren älteren Semesters, die sich auf einer ausgedehnten Italienreise befinden, stehe ich inmitten einer großen Halle, in der zwischen schier endlosen Reihen von Holzgestellen, die wie überdimensionierte Backbleche im Ofen stockwerkartig übereinander angeordnet sind, nur schmale Gassen frei bleiben.

Alessandro hat dafür gesorgt, dass ich mich kurzfristig einer Gruppenführung durch den Betrieb anschließen durfte, der bereits seit Jahrhunderten existierte, als ihn sein Vater vor fünfzehn Jahren kaufte. Als Alternative hat Alessandro angeboten, einen Extratermin für mich allein zu organisieren – doch ich bin eigentlich ganz froh, dass sich die Aufmerksamkeit der *guida* nicht ausschließlich auf mich konzentriert.

Wir haben bereits die sanften Hügel mit den Rebstöcken, einen riesigen Keller mit unzähligen Fässern und die hochmoderne Abfüllanlage besichtigt, jetzt werden wir mit den Besonderheiten des exklusivsten Exports aus dem Valpolicella-Gebiet vertraut gemacht.

„Dieses *appassimento*, das übrigens schon in der Antike bekannt war, ist sehr viel aufwendiger, als es sich zunächst anhört. Die Trauben müssen gut belüftet sein und immer wieder kontrolliert werden, damit keine Fäulnis einsetzt. Dann werden sie langsam und sanft gepresst, und wir können aus dem Ertrag den süßlichen ‚Recioto' herstellen. Wird dagegen der gesamte Zucker vergoren, dann entsteht der kräftige, sehr aromatische ‚Amarone di Valpolicella'."

Jetzt verstehe ich auch, warum eine Flasche dieses Weins ein Vielfaches dessen kostet, was man für einen durchschnittlichen „Rosso" oder „Classico di Valpolicella" bezahlt, der aus denselben Traubensorten gekeltert wird. Beim Trocknen verlieren die Reben deutlich an Gewicht, sodass man im Vergleich zu vorher nur noch etwa ein Drittel der Weinmenge aus ihnen produzieren kann. In Kombination mit dem aufwendigen Produktionsverfahren und der Lagerzeit von mindestens drei Jahren ergibt das zwangsweise einen hochpreisigen Tropfen. Doch Irene Gagliano hat auch einen Tipp für alle, die sich den echten „Amarone“ nicht leisten können oder wollen – was in dieser Gruppe wahrscheinlich nur auf mich zutrifft:

„Wir nutzen den Trester des ‚Amarone‘ – also das, was nach der Pressung an festem Material übrig bleibt –, um darauf Wein aus nicht getrockneten Trauben zu vergären. Der heißt dann ‚Ripasso‘, ist nicht ganz so teuer und etwas leichter, bietet aber ebenfalls eine besondere Geschmacksnote.“

Gerade als ich befürchte, langsam den Überblick über all die verschiedenen Sorten und Herstellungsarten zu verlieren, bittet uns Signora Gagliano, ihr nach draußen zu folgen. Wir besichtigen die riesige Villa, die ebenso zum Weingut gehört wie eine kleine barocke Kapelle und ein pompöser Speisesaal, der für Festlichkeiten gemietet werden kann.

Nicht nur ich bin von den Räumen ehrlich beeindruckt, auch die amerikanischen Touristen verleihen ihrem Erstaunen hin und wieder durch ein gehauchtes *„Amazing!“* oder ein dem Partner leise zugeflüstertes *„How wonderful!“* Ausdruck.

Am Ende folgt noch die unvermeidliche Weinprobe in der gleichermaßen rustikal wie edel eingerichteten *cantina*. Hier tun sich vor allem die männlichen Teilnehmer hervor, indem sie die unterschiedlichen Erzeugnisse mit ernster Miene sorgfältig auf Farbe und Geruch testen, bevor sie bedächtig und langsam zu schlürfen beginnen. Schließlich entwickelt sich zwischen den drei Herren und unserer charmanten Führerin ein angeregtes, englisch-italienisches Gespräch, bei dem mit phantasievollem Vokabular über kleinste Geschmacksnuancen philosophiert wird. Ich selbst beschränke mich auf wenige kleine Kostproben – sodass ich, als ich etwas später wieder mit dem Auto auf dem Weg nach Lazise bin, nicht um meine Fahrtauglichkeit fürchten muss.

Mehr als vom Alkohol schwirrt mir der Kopf von all den

Fakten und Eindrücken, die ich heute gesammelt habe. Für den Besuch der „Vinitaly" in Verona fühle ich mich jedenfalls gut gerüstet. Andererseits bin ich nach der Besichtigung des mondänen Weinguts schwer beeindruckt – und auch etwas eingeschüchtert. Hätte ich geahnt, dass Alessandros Familie solche Schätze ihr Eigen nennt, dann hätte ich bei unserer ersten Begegnung wahrscheinlich kaum ein Wort herausgebracht!

„Es freut mich, dass dir die Führung gefallen hat. Und was das Ambiente betrifft: Das mag alles sehr beeindruckend wirken – allerdings muss ich sagen, dass das Weingut in den letzten fünfzehn Jahren für unsere Familie und unsere Angestellten in erster Linie zwei Dinge bedeutet hat: harte Arbeit und hohe Kosten."

Alessandro hat mich sehr früh am Morgen in Lazise abgeholt – und ich bin noch ein gutes Stück früher aufgestanden, weil ich diesmal sicherstellen wollte, dass ich in den Augen meines Begleiters auf jeden Fall *bella figura* machen werde. Jetzt sitzen wir in seinem dunkelblauen BMW-Cabrio, dessen Verdeck wir wegen der bedrohlich dunklen Wolken lieber geschlossen halten.

„Schade. Ich mag es nämlich sehr, beim Fahren den Wind zu spüren", gebe ich unumwunden zu. „Neulich bin ich zum ersten Mal auf einer Vespa gesessen – das war toll! Und irgendwann möchte ich einmal mit einem Motorboot über den See düsen ..."

„Ja, den Wind zu spüren ..." Alessandro nickt verständnisvoll. *„Questa è la vera libertà!* Das ist wahre Freiheit!"

Wir möchten zur „Vinitaly", doch vorher fahren wir noch zum Gebäude der Provinzverwaltung von Verona, in dem auch das *Ufficio Professioni Turistiche* untergebracht ist. Alessandro hat mich gestern angerufen und mir gesagt, ich solle meine Unterlagen mitbringen, er habe mit jemandem im Amt gesprochen, und ich könne jetzt meine Anträge für die *autorizzazioni* dort stellen. Man habe die notwendigen Formulare aus den anderen beiden Provinzhauptstädten angefordert, sodass ich nur diese eine Stelle aufsuchen müsse.

„Beim Kauf war die Villa heruntergekommen, die Kapelle praktisch eine Ruine. Auch in die Produktionsanlagen musste dringend investiert werden", erklärt mir Alessandro, während er zügig durch den dichten Stadtverkehr kurvt. Wir passieren das imposante Skaligerkastell mit den charakteristischen zweigeteilten Zinnen, biegen rechts in die Via Roma ab und fahren in Richtung Piazza Bra.

„Heute macht der Betrieb wenigstens keine Verluste mehr. Dazu tragen auch die Einnahmen durch die Vermietung für Hochzeiten und andere Feste bei. Wir sind stolz darauf, dass das Gut wieder seinen alten Glanz ausstrahlt. Und wir haben dort wirklich erstklassige Angestellte, die mit viel Engagement arbeiten und dafür sorgen, dass wir einen hervorragenden Wein produzieren. Aber das muss auch so sein, denn die Konkurrenz ist groß, im Valpolicella und in ganz Italien."

Im *Ufficio Professioni Turistiche* geht dann alles ziemlich schnell. Alessandro nennt an der Pforte den Namen einer Dame, daraufhin werden wir zu deren Büro im zweiten Stock gewiesen. Sie sitzt hinter einem Schreibtisch, auf dem sich kreuz und quer so viele Akten stapeln, dass gerade noch genug Platz für einen Flachbildschirm und eine Tastatur bleibt. Ich überreiche meine Unterlagen, bekomme verschiedene Formulare vorgelegt, wobei mir die Dame geduldig erklärt, wo ich welche Informationen eintragen und was ich ankreuzen soll. Dann noch ein paar Unterschriften – und schon ist alles erledigt. In zwei Wochen, so wird mir gesagt, könne ich meine *autorizzazioni* abholen.

Als wir wieder im Auto sitzen, bedanke ich mich bei meinem Begleiter. Ohne seine Hilfe hätte ich wahrscheinlich mehrere Tage nur mit der Antragsstellung verbracht!

„*Non c'è di che* – keine Ursache. Das hab' ich gern gemacht", entgegnet er mit einem charmanten Lächeln. „Bevor wir zum Messegelände fahren, müssen wir übrigens noch kurz bei meinen Eltern halten. Das liegt sowieso auf dem Weg. Ich muss dort noch ein paar Unterlagen holen."

„Wenn du mit hinaufkommen möchtest, stelle ich dich meiner Mutter vor. Ich glaube, ihr werdet euch gut verstehen! Sie ist eine große Kunstliebhaberin."

„Ja, warum nicht? Ich würde sie gern kennenlernen."

Außerdem hat der riesige Palazzo, vor dem Alessandro gerade schwungvoll einparkt, bereits meine Neugier geweckt. Ich will unbedingt sehen, was sich hinter dieser wuchtigen Fassade mit den riesigen Fenstern verbirgt.

Am Portier vorbei begeben wir uns zu einer breiten Steintreppe und steigen hinauf in den zweiten Stock. Dort öffnet Alessandro eine große, hölzerne Rundbogentür und bedeutet mir einzutreten. Ich finde mich in einer Art Empfangshalle wieder, die jedem Schloss gut zu Gesicht stehen würde: Barocke, mit rotem Samt bezogene Sitzmöbel stehen vor prächtig gerahmten Spiegeln. Auf dem glänzenden Parkettboden weist ein edler, mit feinen Mustern verzierter Läufer den Weg zur nächsten Tür. Die unglaublich hohe Decke ist mit Ornamenten aus Stuck versehen.

Der folgende Raum ist kaum weniger repräsentativ ausgestattet. Vor allem die unzähligen Gemälde verschiedenster Größen und Gattungen fallen mir sofort ins Auge. Alessandro bittet mich kurz zu warten, während er die Unterlagen für die „Vinitaly" holt.

Ehrfürchtig lasse ich meinen Blick über die Kunstwerke an den Wänden schweifen und bleibe bei einem eher unauffälligen Gemälde in einem schlichten Rahmen hängen, das eine Stadtansicht von Venedig zeigt. Gondeln und ein paar Segelschiffe, im Hintergrund die Kuppel der Kirche Santa

Maria della Salute. Der Stil des Künstlers kommt mir bekannt vor. Gerade als ich mir das Bild noch etwas genauer ansehen möchte, vernehme ich hinter mir eine freundliche Frauenstimme:

„Ah, da merkt man gleich, dass Sie eine Expertin sind. Sie lassen sich nicht durch Oberflächlichkeiten beeindrucken, sondern wenden sich sofort den *wahren* Kunstwerken zu. Mein Name ist Vittoria Pascalini, ich bin Alessandros Mutter. *Piacere!*"

Die kleine, zierliche Frau, die mir nun gegenübersteht, trägt einen schlichten Hosenanzug, knallroten Lippenstift und riesige, funkelnde Ohrringe. Als ich mich vorstelle, sagt sie:

„Alessandro hat mir bereits von Ihnen erzählt. Sie sind Journalistin, *vero*? Ein interessanter Beruf!"

„Äh ... ja." Da ich das Gespräch über meine journalistische Karriere im Augenblick nicht vertiefen möchte, mache ich Signora Pascalini schnell ein Kompliment für die stilvolle Einrichtung ihrer Wohnung, und dann kommen wir auf ihre Leidenschaft für die Kunst zu sprechen. Bald erscheint Alessandro wieder, mit einer Mappe unter dem Arm.

„Wollt ihr noch auf einen *caffè* bleiben?", fragt seine Mutter, die das Gespräch offensichtlich gern fortsetzen möchte.

„Wir müssen leider los, *mamma*", sagt Alessandro mit einem Blick auf seine Armbanduhr. „Wir sind sowieso schon spät dran."

„Gut, aber dann muss ich darauf bestehen, dass Sie uns bald einmal wieder besuchen kommen. Es hat mich sehr gefreut Sie kennenzulernen."

Mit diesen Worten und einem aufrichtigen Lächeln reicht mir Signora Pascalini die Hand und gibt mir schließlich sogar rechts und links je ein Küsschen auf die Wange. Während sie anschließend einige Sätze mit ihrem Sohn wechselt, studiere ich noch einmal das Gemälde, das mir schon vorhin aufgefallen war. In der rechten unteren Ecke ist mit ein wenig

Mühe eine Signatur zu erkennen. Wenn ich es nicht besser wüsste – ja, wenn es nicht völlig unmöglich wäre – dann würde ich glauben, dass ...

„Also dann, ich wäre so weit!" Alessandro steht in der Tür, bereit zum Aufbruch.

„Sag' mal", beginne ich zögerlich und zeige dabei auf das Gemälde, „kann es sein, dass ..."

„Habe ich nicht gesagt, dass ihr euch gut verstehen würdet?" Alessandros Augen blitzen mich vielsagend an. „So, jetzt sollten wir aber wirklich gehen."

„Er hat dich also heute früh abgeholt und zur Provinzverwaltung gefahren – nachdem er dafür gesorgt hat, dass dort bereits alles für dich organisiert ist –, dann musstet ihr – natürlich *rein* zufällig – noch bei dem riesigen Palazzo vorbei, in dem seine Eltern leben, wo du – wieder *rein* zufällig – dieses Bild von Franceso ... Wer war es noch gleich?"

„Francesco Guardi. Das letzte Original von ihm habe ich im Louvre gesehen!"

„... von diesem Francesco Guardi hängen siehst ... Giulia, mir kannst du nichts vormachen! Alessandro hat mehr als nur ein Auge auf dich geworfen. Der zieht alle Register, um dich zu beeindrucken! Und so, wie du von eurem Verona-Trip schwärmst, ist ihm das wohl ganz gut gelungen. Was ist auch schon dabei? Wer hätte nicht gern einen gutaussehenden, vermögenden Verehrer aus bestem Hause? Genieß es doch einfach!"

Ich sitze mit Francesca bei einem Glas Wein auf der Couch in der Wohnküche. Nachdem ich abends völlig erschöpft von der „Vinitaly" nach Hause gekommen bin, habe ich ihr beim gemeinsamen Essen ausführlich von meinem Tag mit Alessandro berichtet. Sie interessiert sich bei alldem hauptsächlich für jedes Detail, das meinen Begleiter betrifft – und so, wie sie die Fakten gerade zusammengefasst hat, erscheint mir ihre entwaffnend offen vorgetragene Schlussfolgerung sehr einleuchtend. Ich kann nicht einmal behaupten, dass ich nicht selbst schon Ähnliches gedacht habe. Alessandros Hilfsbereitschaft geht in der Tat über einfache Freundschaftsdienste hinaus – und außerdem hat Francesca schon vorhin festgestellt:

„Freundschaft zwischen einem Mann und einer Frau? Ohne, dass da etwas anderes im Raum steht? Vergiss es! So etwas gibt es nicht – jedenfalls nicht bei uns in Italien!"

Na und? Muss ich gleich Bedenken haben, nur weil mir ein interessanter Mann auf charmante Art Avancen macht? Ich bin kein Teenager mehr, sondern eine erwachsene, verantwortungsbewusste Frau! So ein Flirt wirft mich doch nicht aus der Bahn. Im Gegenteil: Alessandro, seine Familie und sein Umfeld kennenzulernen, ermöglicht mir ganz neue Einblicke in italienische Lebenswelten. Das sind doch unschätzbare Erfahrungen für eine aufstrebende Autorin, oder etwa nicht?

Nur beim Gedanken an Florian – mit dem ich alle paar Tage ein meist ziemlich zähes Gespräch am Telefon führe – zieht sich mein Magen schmerzhaft zusammen. Aber ist er nicht selbst schuld? Wie oft habe ich ihn gebeten, gemeinsam mit mir nach Italien zu kommen?

Als ich etwas später in meinem Zimmer auf dem Bett liege, entwerfe ich einen groben Arbeitsplan für die nächsten Wochen. Das erscheint mir nötig, denn auf dem Sekretär an der Wand stapeln sich seit einigen Tagen die Mappen mit dem Informationsmaterial, das mir Herbert aus Deutschland geschickt hat und das ich bis zur Ankunft der Reisegruppe durchgearbeitet haben sollte.

Und davor muss ich ja auch noch meinen Artikel zu Ende schreiben. Auf der Messe konnte ich jede Menge Material sammeln: Alessandro hat mich einigen Geschäftspartnern vorgestellt, dann sind wir stundenlang durch die Hallen gelaufen, haben hier und da Kostproben genommen und mit den Ausstellern über die Eigenheiten ihrer Produkte diskutiert. Hatte ich mir im Vorfeld einen leidlichen Überblick über die Weinregionen rund um den Gardasee verschafft, konnte ich hier einen Eindruck von der schier unendlichen Vielfalt des italienischen Weinmarktes gewinnen.

Etwa 4000 Aussteller verteilen sich auf beinahe 100 000 Quadratmeter. Von Südtirol bis Sizilien sind alle italienischen Regionen vertreten, die beiden größten Hallen werden jeweils exklusiv vom Piemont und der Toskana beansprucht. Kaum kleiner ist der Bereich für das Veneto, in dem sich auch der Stand des Weinguts befindet, das Alessandros Familie gehört.

„Die ‚Vinitaly' ist zwar eine internationale Messe, aber in erster Linie geht es darum, den italienischen Wein auf dem weltweiten Markt zu behaupten", hat mir Alessandro während der Fahrt zum Messegelände erklärt. „In den letzten Jahrzehnten hat es immer wieder Skandale um Panscherei und falsche Etikettierung gegeben. Das hat das Image unserer Produkte schwer in Mitleidenschaft gezogen. Die Messe erlaubt uns, der Welt zu zeigen, dass wir nicht nur das Land mit der größten Weinproduktion sind, sondern dass bei uns seit jeher die Weine mit der höchsten Qualität hergestellt werden. Wir profitieren schließlich von einer Tradition, wie es sie nirgendwo anders gibt."

Aus Höflichkeit habe ich mir an dieser Stelle den Hinweis auf Frankreich verkniffen, den ewigen Rivalen Italiens und zugleich das einzige weitere Land, in dem Wein traditionell im Alltagsleben eine ähnlich wichtige Rolle spielt. Der Pro-Kopf-Verbrauch geht allerdings in beiden Ländern seit Jahren zurück – und die Spitzenposition in dieser Kategorie hält unangefochten der Vatikan mit mehr als siebzig Litern pro Einwohner und Jahr!

Das geschäftige Treiben auf der „Vinitaly“ dominieren eindeutig die Fachbesucher, die, meist in feinen Zwirn gehüllt, zwischen Kongress- und Pressezentrum, „Tasting Room“ und „VIP-Lounge“ hin- und hereilen. Ich hatte erwartet, außerdem einer Menge trinkfreudiger Touristen zu begegnen – doch der gesalzene Preis von achtzig Euro pro Tageskarte sorgt zuverlässig dafür, dass die „Vinitaly“ nicht zu einem Saufgelage der gehobenen Kategorie verkommt. Welch ein Glück, dass ich als Alessandros Begleitung eine Freikarte bekommen habe!

Am nächsten Morgen erwache ich voller Tatendrang. Vergessen sind die Strapazen und die Müdigkeit von gestern – ich will meinen Artikel beenden, solange die Eindrücke der letzten Tage noch frisch und greifbar sind. Den ganzen Tag sitze ich vor dem Laptop, und den folgenden verbringe ich hauptsächlich mit Überarbeitung und Korrekturen. Dann beschließe ich, nicht länger zu zögern – und schicke mein Werk per E-Mail an die Adresse der Redaktion.

Normalerweise würde ich jetzt ungeduldig und nervös auf die Antwort warten. Doch dazu bleibt mir diesmal keine Zeit – ich muss mich dringend auf meine nächste Aufgabe vorbereiten: In nicht einmal zwei Wochen werde ich Reiseleiterin sein!

Maggio

„WISST IHR EIGENTLICH, wo sich der kürzeste Fluss der Welt befindet?“ Seit Tagen pauke ich Daten und Fakten zum Gardasee und zu seiner Umgebung. Die Unterlagen von Herbert bieten dabei zwar ein passables Grundgerüst, doch ich gebe mich damit längst nicht zufrieden! Zu peinlich ist mir die Vorstellung, vor der Reisegruppe als inkompetent zu erscheinen, falls ich auf eine spontane Frage keine passende Antwort geben kann. Außerdem neige ich ohnehin zum Perfektionismus, sobald ich einmal angefangen habe, mich ernsthaft in ein Thema einzuarbeiten.

Deswegen habe ich mir eine Menge zusätzliches Material besorgt: Verschiedene Reiseführer, ein Stapel Zeitschriften und einige dicke Geschichtswälzer türmen sich auf meinem Nachttisch. Systematisch arbeite ich alles durch und schreibe mir eine Unmenge an Stichpunkten heraus. Zwischendurch suche ich online nach Antworten auf spezielle Fragen, die mir bei der Lektüre gekommen sind. Das Ganze erinnert mich ein wenig an die Vorbereitung auf eine Prüfung an der Uni – glücklicherweise ist der Stoff größtenteils interessant, und ich stoße immer wieder auf verblüffende Details, mit denen ich auch meine Mitbewohner in Erstaunen versetze.

„Der kürzeste Fluss der Welt? Keine Ahnung.“ Francesca und Luis sehen sich ratlos an.

„Er heißt ‚Aril‘, ist 175 Meter lang und mündet in Cassone bei Malcesine in den Gardasee“, kläre ich die beiden in gespielt schulmeisterlichem Ton auf. „Ehrlicherweise muss ich sagen, dass es noch ein paar Flüsse auf anderen Kontinenten gibt, die diesen Titel ebenfalls für sich beanspruchen – aber die meisten davon sind im Vergleich zum Aril eher kümmerliche Bäche.“

Gleich zu Beginn meiner Vorbereitung habe ich mir die wichtigsten Fakten zum Gardasee auf einen Zettel notiert: Er ist mit 370 000 Quadratmetern Wasserfläche der größte See Italiens, seine Küstenlinie hat eine Länge von knapp 160 Kilometern. Die Wassertiefe beträgt bis zu 346 Meter. In den Ortschaften an den Ufern leben etwa 200 000 Menschen. Pro Jahr kommen sechs Millionen Touristen, die für einen Umsatz von ungefähr drei Milliarden Euro sorgen.

„Die meisten davon sind Deutsche!", stellt Luis voller Überzeugung fest, als ich eines Abends in der Küche über die Tourismuszahlen referiere. Der Mann muss es wissen, schließlich arbeitet er in einem Restaurant, das – wie fast alle gastronomischen Betriebe am Gardasee – hauptsächlich von den Fremden lebt.

„Du hast recht", antworte ich. „Genau genommen machen Deutsche und Österreicher jedes Jahr mindestens die Hälfte der Übernachtungen aus."

Nach ein paar Tagen beginnt Francesca, meinen Lerneifer mit zunehmender Sorge zu betrachten.

„Du gehst ja gar nicht mehr raus, sondern vergräbst dich nur noch in deinen Büchern. Das ist nicht gut, Giulia. Du brauchst frische Luft! Außerdem werden dich die Leute garantiert nicht nach diesen ganzen Zahlen fragen. Was die wirklich von dir wissen wollen, ist Folgendes." Sie setzt eine ernste Miene auf und zählt die Fragen an den Fingern ab: „Wo kann man hier *fare pipì*? Wann ist Zeit für Shopping? Wer verkauft hier Briefmarken? Wo gibt es die beste Pizza? Und – warum sind da keine *wurstel* drauf?"

Wir brechen beide in prustendes Gelächter aus. Allerdings habe ich meinen Vater oft genug auf seinen Reisen begleitet, um zu wissen, dass Francescas Beispiele keineswegs weit hergeholt sind. Deshalb habe ich längst geplant, mich vorab in den Orten umzusehen, die ich mit der Gruppe besuchen werde. Ich kann meine Vermieterin also beruhigen:

„Keine Angst, Francesca! In den nächsten Tagen werde ich bestimmt ausreichend frische Luft bekommen!"

Von Sirmione, der schmalen Halbinsel, die vom Südufer etwa vier Kilometer in den Gardasee hineinragt, bis nach Malcesine im Nordosten fahre ich alle Ortschaften ab, die im Reiseprogramm stehen.

Die Liste, die ich vor Ort jeweils abarbeite, hat tatsächlich Einiges mit Francescas Fragenkatalog gemein:

Wo kann der Bus parken, und wie weit muss man von dort ins Zentrum bzw. zur jeweiligen Attraktion gehen? (Zusatzfrage: Ist das zumutbar?)

Wo sind die nächsten öffentlichen Toiletten? (Zusatzfrage: Sind sie kostenpflichtig?)

Wo kann man etwas essen und/oder trinken? (Zusatzfrage: Hat die Bar/das Restaurant/der Imbissstand zu der Zeit geöffnet, zu der wir voraussichtlich hier sein werden?)

Wo gibt es das beste Eis?

Die meisten Punkte kann ich durch einen kleinen Rundgang und bei Gesprächen mit Ladenbesitzern, Restaurantbetreibern und Anwohnern klären. Trotzdem suche ich überall auch noch die Tourist-Infos auf, versorge mich mit Prospekten und Infomaterial und frage die Angestellten, ob sie noch Tipps für mich haben.

Einen Tag vor Ankunft des Busses aus Landshut besuche ich schließlich das Hotel in Bardolino, in dem ich zusammen mit meinen knapp vierzig Schützlingen fünf Nächte lang untergebracht sein werde. Als ich an der Rezeption stehe, werden plötzlich lebhafte Erinnerungen an Gruppenreisen mit meinem Vater wach, bei denen die ersten Gäste schon wieder lautstark über die Größe, die Lage oder die Ausstattung ihrer Zimmer schimpfend die Treppe herunterkamen, während andere noch auf ihre Schlüssel warteten. Ich bete inständig, dass mir ein solcher Auftakt erspart bleibt.

Glücklicherweise ist das Zimmer, das mir eine freundliche Rezeptionistin zeigt, einigermaßen geräumig und sieht sehr gepflegt aus. Damit stehen die Chancen auf einen harmonischen Beginn schon mal ganz gut.

Ich hatte zunächst eigentlich damit gerechnet, dass ich, wenn ich die Gruppe abends wohlbehalten im Hotel abgeliefert hätte, nach Lazise fahren und mit etwas Abstand zu den Leuten in meiner gewohnten Umgebung Kraft für den nächsten Tag sammeln könnte. Doch Herbert hat am Telefon unmissverständlich klargestellt: „Du musst auf jeden Fall im Hotel übernachten! Es hat mich schon Mühe gekostet, den Busfahrer davon zu überzeugen, dass er die Gruppe ohne Reiseleitung bis zum Gardasee fährt. Mehr ist nicht drin. Du weißt ja selbst: Wenn irgendwas passiert – und sei es mitten in der Nacht –, dann wollen die Leute, dass jemand für sie da ist. Es ist ein Einzelzimmer für dich reserviert, Julia. Da hast du deine Ruhe, bist aber trotzdem jederzeit zur Stelle."

Dass ich die versprochene „Ruhe" wirklich bekommen werde, wage ich zwar zu bezweifeln, doch was bleibt mir anderes übrig? Gegen Herberts Argumente komme ich nicht an, also werde ich eben fünf Nächte in Bardolino verbringen.

Das Thema „Unterkunft" beschäftigt mich momentan auch in einem anderen Zusammenhang. Mein Zimmer bei Francesca und Luis habe ich erst einmal nur für vier Monate gemietet. Schließlich hatte ich anfangs keine Ahnung, wie ich mich mit meinen Vermietern verstehen und ob mir die Wohnung und diese Art der Wohngemeinschaft überhaupt über einen längeren Zeitraum zusagen würden.

Inzwischen bestehen keinerlei Zweifel mehr: Wir drei kommen prächtig miteinander klar und haben eine Menge Spaß. Außerdem bieten mir Francesca und Luis die Möglichkeit, das Alltagsleben der Menschen am Gardasee hautnah mitzuerleben.

Wie ungewöhnlich das ist, ist mir erst im Laufe der Zeit so richtig klar geworden: Wo es viel Tourismus und viele Zweitwohnsitze gibt, da besteht offenbar eine tiefe Kluft zwischen den „echten" Einheimischen und denen, die – sei es im Urlaub oder für längere Zeit – nur „zu Besuch" sind und trotz oberflächlicher Vertrautheit immer Fremde bleiben werden.

Die Kluft zieht sich durch alle gesellschaftlichen Schichten: Sie trennt die Kassiererin im Supermarkt vom Gastarbeiter, der aus dem Süden des Landes oder aus Rumänien oder Brasilien kommt – obwohl beide mit dem hohen Preisniveau hadern und bis zur Belastungsgrenze schuften, um ihre Familien in dieser kostspieligen Gegend durchzubringen.

Genauso teilt sie die Welt der Reichen in diejenigen, die seit Generationen hier leben und Häuser oder Landgüter von ihren Vorfahren geerbt haben, und die anderen, die meist aus Deutschland kommen, sich eine Immobilie am See und einen Liegeplatz für ihr Boot leisten können, vielleicht sogar leidlich Italienisch sprechen und die Antonio, den Besitzer ihres Lieblingsrestaurants, oder Mario, den örtlichen Weinhändler, bei jedem Besuch mit einem herzlichen Schulterklopfen begrüßen – und doch nicht den Hauch einer Ahnung haben, was hinter der jovialen Miene ihres jeweiligen Gegenübers wirklich vor sich geht.

Mir ist bald klar geworden, wie glücklich ich mich schätzen kann, mit Francesca eine Italienerin aus einer einheimischen Familie als meine Freundin bezeichnen zu dürfen. Luis und Francesca haben es für sich geschafft, die scheinbar unüberwindliche Kluft zu schließen. Und mir als ihrem Gast gewähren sie Einblick in ihre Lebenswelten, erzählen von ihrem Alltag und ihren Familien und sorgen so ganz nebenbei dafür, dass ich mich am Gardasee, knapp 400 Kilometer von meiner Familie und meinen Freunden in Deutschland entfernt, fast nie einsam fühle.

Also beschließe ich, mein halbherziges Studium der Wohnungsanzeigen in den Lokalzeitungen endgültig aufzugeben und eröffne Francesca und Luis, dass ich gern länger bei ihnen bleiben würde – am liebsten bis Anfang des nächsten Jahres. Die beiden sind sofort einverstanden und freuen sich, dass sie sich in nächster Zeit keinen neuen Untermieter suchen müssen. Leider gibt es trotzdem ein kleines Problem:

„Mein Bruder und seine Frau kommen im August aus Brasilien zu uns", beichtet mir Luis zerknirscht. „Das ist schon lange geplant, und wir haben ihnen versprochen, dass sie für vier Wochen hier wohnen können. *Mi dispiace.*"

Das heißt also, dass ich für den August eine Ausweichmöglichkeit brauche.

„Kein Problem", antworte ich. „Ich werde schon eine Lösung finden." Irgendeine Ferienwohnung wird sich im Urlauberparadies Gardasee ja wohl auftreiben lassen, oder?

„*Benvenuti* am Gardasee!"

In den vergangenen Stunden bin ich kreuz und quer durch Bardolino spaziert und habe auf die Ankunft des Reisebusses mit meiner Gruppe gewartet. Ich war nervös, meine Gedanken drehten sich immer wieder im Kreis: Hoffentlich behält der Wetterbericht recht, und es bleibt auch in den nächsten Tagen sonnig! Hoffentlich verläuft die Anfahrt problemlos, damit die Leute von Anfang an gut gelaunt sind! Hoffentlich bemerken sie nicht gleich, dass ich so etwas zum ersten Mal mache!

Doch jetzt, während ich umringt von meinen Schützlingen auf dem Hotelparkplatz stehe und meine Begrüßungsrede halte, beginnt die Spannung von mir abzufallen. Die Gruppe besteht hauptsächlich aus nicht mehr ganz jungen Paaren, die im Raum Landshut zu Hause sind. Auf den ersten Blick scheinen die Stimmung gut und die Vorfreude groß.

Als es an den Bezug der Hotelzimmer geht – der glücklicherweise reibungslos und ohne größere Beanstandungen verläuft –, stellt sich mir der Busfahrer vor, der uns auch in den kommenden Tagen um den See kutschieren wird. Er ist Mitte vierzig, heißt Jürgen, trägt einen Vokuhila-Haarschnitt mit dazu passendem Schnauzbart und wirkt auf mich wie ein netter Kerl aus einem längst vergangenen Jahrzehnt.

Nach einem kleinen Imbiss geht es dann los: Für diesen Tag steht die Südküste auf dem Programm, als Erstes fahren wir nach Sirmione. Im Bus schnappe ich mir das Mikrofon und erkläre meinen erfreulich aufmerksamen Zuhörern, dass uns auf der Halbinsel eines der schönsten Skaligerkastelle aus dem 13. Jahrhundert erwartet. Wobei die Geschichte des Ortes noch viel weiter zurückreicht, denn schon die Römer haben die natürlichen heißen Schwefelquellen von Sirmione für den Bau eines Thermalbads genutzt.

„Der Name ‚Grotten des Catull', mit dem die Ruinen bezeichnet werden, ist allerdings etwas irreführend", schließe ich meine Ausführungen. „Es handelt sich nämlich keineswegs um Grotten – und der römische Dichter Catull hat hier auch nicht gelebt. Er war wohl nur einmal zu Besuch."

Zuerst besichtigen wir das Kastell, erklimmen den dominanten, fast fünfzig Meter hohen Mastino-Turm und genießen die Aussicht auf die Hafenanlage, den Ort und den See, der Sirmione beinahe komplett umschließt. Dann folgt der Rundgang durch mittelalterliche Gassen – vorbei an unzähligen *gelaterie*, denen kaum jemand aus der Gruppe widerstehen kann – und entlang der *via panoramica* bis ans Ende der Landzunge, wo uns der unverkennbare Schwefelgeruch aus den unter Wasser liegenden Thermalquellen um die Nase weht.

Das einzige weitere Ziel für heute ist Peschiera an der südöstlichen Ecke des Gardasees, wo sich mit dem Mincio dessen einziger Abfluss befindet. Während wir mit dem Bus entlang den imposanten, von Wassergräben umgebenen Festungsmauern aus dem 16. Jahrhundert fahren, erkläre ich, dass

Peschiera ein wichtiger Stützpunkt für die Österreicher war, die bis 1866 die Herrschaft über das Veneto innehatten.

„Ganz in der Nähe wurden während der italienischen Einigungskriege blutige Schlachten geschlagen. Das Gemetzel bei Solferino im Jahr 1859 erschütterte den Zeitzeugen Henry Dunant so sehr, dass in der Folge aufgrund seiner Initiative das Internationale Rote Kreuz gegründet und die erste Genfer Konvention zum Umgang mit verwundeten Soldaten verabschiedet wurde."

Herr Dr. Weinberger, der neben seiner Frau in der zweiten Reihe sitzt, nickt zustimmend und scheint mit meinen Ausführungen zufrieden, was mich ein wenig erleichtert. Die Weinbergers – so viel habe ich bereits herausgefunden – sind ein pensioniertes Lehrerehepaar, das sich sehr gewissenhaft auf den Urlaub am Gardasee vorbereitet hat. Als mich Herr Dr. Weinberger zum ersten Mal erblickte, wirkte er etwas skeptisch. Eine Frau meines Alters schien nicht seinem Bild von einem kompetenten Reiseleiter zu entsprechen. Erst seit ich ihm auf seine Nachfrage hin erklärt habe, dass ich Kunsthistorikerin sei, wirkt seine Miene ein wenig entspannter. Trotzdem hat er stets einen dicken roten Reiseführer sowie sein Smartphone parat und ist allzeit bereit, jede meiner Anmerkungen einer kritischen Prüfung zu unterziehen. Glücklicherweise beschränkt er sich bislang darauf, seiner Frau einige ergänzende Informationen zuzuflüstern, was sie geduldig über sich ergehen lässt, während sie nach der richtigen Perspektive für das perfekte Foto der aktuellen Sehenswürdigkeit sucht. Auf dem Parkplatz in Sirmione drohten bereits erste Verstimmungen innerhalb der Gruppe, weil sie so lange mit dem Gegenlicht kämpfte, dass sich unsere ohnehin verspätete Abfahrt noch einmal verzögerte.

Beinahe hätte Herr Beck aus der fünften Reihe – ebenfalls Pensionist und im Gegensatz zu den Weinbergers mit chronisch guter Laune gesegnet – die Situation zum Eskalieren gebracht, weil er sich seine launig gemeinten, aber nicht wirklich komischen Bemerkungen über die eifrige Fotografin nicht verkneifen wollte. Glücklicherweise konnte ihn seine Frau mit mehreren Ellenbogenstößen und einem gezischten „Bernhard, jetzt sei doch mal ruhig!“ zum Schweigen bringen.

Beim Spaziergang durch die Altstadt von Peschiera machen sich bei meinen Schützlingen, die ja schon seit den frühen Morgenstunden unterwegs sind, erste Ermüdungserscheinungen bemerkbar. Ich sehe glasige Augen und gähnende Münder, vereinzelt wird verstohlen auf die Armbanduhr geblickt und gefragt, wann wir denn zum Abendessen im Hotel sein müssten.

Tatsächlich sitzen wir etwa eine Stunde später im Speisesaal unseres Quartiers. Ich weiß, dass dies der letzte wirklich heikle Moment des Tages ist. Eine der wichtigsten Lehren in Sachen Reiseleitung, die ich von meinem Vater mitbekommen habe, lautet: Sorge für ausreichende und gute Verpflegung! Denn selbst wenn das Wetter beständig wunderschön, die Natur atemberaubend und der Bus höchst komfortabel ist, wenn du noch so faszinierende und einzigartige Sehenswürdigkeiten zu bieten hast – das alles vermag eine Reisegruppe, die mit dem Essen unzufrieden ist, nicht zu versöhnen.

Die Vorspeise: *Minestrone alla milanese*, eine traditionelle Gemüsesuppe mit Reiseinlage. Schmeckt vorzüglich, doch das Raunen und Flüstern im Saal bleibt mir nicht verborgen:

„Reis? Na ja ...“

„In Italien hätte ich ja schon eher Nudeln als Vorspeise erwartet, aber ...“

„Nicht schlecht ... wenn man Suppen mag!“

Dann das Hauptgericht: *Saltimbocca*, Kalbsschnitzel mit Schinken und Salbei – ebenfalls ein traditionelles Gericht. Das Problem: Die Leute warten vergeblich auf ihre gewohnte

Kohlenhydrat-Beilage. Der Brotkorb, der auf jedem Tisch bereitsteht, zählt für sie offensichtlich nicht.

„Gibt's denn keine Kartoffeln? Oder Nudeln?"

Ich vernehme erste verhaltene Rufe nach Pommes frites und weiß: Die Lage droht außer Kontrolle zu geraten! Wenn ich nicht sofort einschreite, kippt die Stimmung endgültig – und ich darf mir während der nächsten Ausflüge hauptsächlich Klagen über die vergangene und Befürchtungen bezüglich der kommenden Mahlzeit anhören. Kurz entschlossen springe ich auf und laufe am verdutzten Kellner vorbei in die Küche. Dort kommt mir sogleich ein kleiner, beleibter Mann in Kochuniform entgegen. Er lächelt freundlich.

„*Signora*, kann ich etwas für Sie tun?"

Ich stelle mich vor und beginne mit dem Kompliment, dass die bisher servierten Speisen vorzüglich geschmeckt hätten, um dann vorsichtig darauf hinzuweisen, dass sich meine Reisegruppe über eine Beilage zum *saltimbocca* sehr freuen würde. Ob er nicht vielleicht ein paar Schüsseln mit Kartoffeln oder Nudeln herausbringen lassen könne?

„Certo, signora!"

Der Koch scheint großes Verständnis für das sich anbahnende Problem zu haben – offensichtlich hat er schon seine eigenen Erfahrungen mit deutschen Reisegruppen gemacht. Er erteilt einige Anweisungen, und schon machen sich die Kellner daran, Beilagenschüsseln zu verteilen. Ich fühle mich sicher genug, gleich noch meine zweite Sorge anzusprechen.

„Darf ich fragen, was an den nächsten Abenden jeweils als *primo piatto* geplant ist?"

Wir sehen gemeinsam auf einen an die Küchenwand gehefteten Plan, und ich stelle erleichtert fest, dass fast immer Pasta-Varianten als Vorspeise anberaumt sind.

„Wäre es möglich, hier" – ich deute auf die Tomatensuppe in der Spalte für übermorgen – „einen Teller *spaghetti* als Alternative anzubieten?"

Der Koch ist auch damit einverstanden, und ich kehre beruhigt in den Speisesaal zurück. Dort bestätigt sich einmal mehr, dass einfache gekochte Kartoffeln auch heutzutage noch ein Lächeln in die Gesichter wohlgenährter Mitteleuropäer zu zaubern vermögen.

Wenig später falle ich todmüde ins Bett. Eigentlich habe ich geplant, nach dem Essen noch einmal die Stationen der morgigen Route durchzugehen – doch inzwischen bin ich überzeugt, dass es keine bessere Vorbereitung auf den nächsten Tag geben kann, als möglichst langen und tiefen Schlaf.

Den nächsten Vormittag verbringen wir in Lazise. Beim Stadtrundgang referiere ich über die Geschichte des Ortes, der sich immerhin „älteste Gemeinde Italiens" nennen darf, weil ihm Kaiser Otto II. bereits im Jahr 983 eine autonome Verwaltung zugestanden hat. Am alten Hafen versetze ich sogar Herrn Dr. Weinberger in Erstaunen, als ich erzähle, was 1959 unweit von hier auf dem Grund des Sees entdeckt wurde:

„1437 haben sich auf dem Gardasee die Flotten von Mailand und Venedig bekämpft. Die Venezianer hatten mangels Seezugang ihre Schiffe – darunter sechs Galeeren und zwei Galeonen – vom Meer auf dem Landweg mit Hilfe von 2000 Ochsen bis nach Torbole verfrachtet und dort zu Wasser gelassen! Diese Mühen haben sich gelohnt, denn Venedig besiegte am Ende tatsächlich die Flotte der Mailänder. Mehr als 500 Jahre danach wurden vor Lazise die Überreste von zwei während der Schlacht gesunkenen venezianischen Schiffen gefunden. Sie liegen noch immer dort unten."

Jetzt sind alle Blicke auf die Wasseroberfläche vor dem alten Hafen gerichtet. Die Vorstellung, dass hier ganz in der Nähe Relikte aus einer längst vergangenen Epoche ruhen, scheint die Reiseteilnehmer wirklich zu beeindrucken. Siehst du, Francesca, meine Gruppe interessiert sich sehr wohl für historische Fakten!

Gegen Mittag ist etwas Zeit „zur freien Verfügung" geplant. Ich selbst habe mir einen Besuch in Gipis Bar vorgenommen, doch als es so weit ist, wird schnell klar, dass sich Teile meiner Gruppe nicht in der Lage sehen, Lazise eine Stunde lang auf eigene Faust zu erkunden. Als ich die Bar betrete, habe ich etwa ein Dutzend betagtere Damen und Herren mit Sonnenhüten und Funktionsklamotten im Schlepptau, die sich, um sich nicht unnötig in Gefahr zu begeben, nie außerhalb der Sichtweite ihrer Reiseleiterin bewegen. Giampaolo hebt beim Anblick meines Gefolges erstaunt die Augenbrauen.

„*Ciao,* Giulia", raunt er mir zu. „Hast du all diese Deutschen extra zu mir gebracht? Bin ich auch Teil deiner Führung? Das wäre doch nicht nötig gewesen!"

„Oh doch", antworte ich. „Meine Gäste müssen schließlich den besten *caffè* in ganz Lazise probieren!"

Giampaolo hat keinen Zweifel daran, dass ich das ernst meine. Er nickt stolz und macht sich daran, die Neuankömmlinge zu begrüßen und ihre Bestellungen aufzunehmen. Wenn aus meiner entspannten Mittagspause schon nichts wird, dann habe ich wenigstens ihm eine Freude gemacht.

Als wir schließlich zum vereinbarten Treffpunkt zurückkehren, bemerke ich sogleich, dass eine gewisse Spannung in der Luft liegt. Unter den Wartenden wird hitzig diskutiert, mehrere Reiseteilnehmer starren auf einen kleinen, weißen Zettel.

„Wir sind betrogen worden!"

Eine Dame eilt auf mich zu, den ominösen Zettel in der Hand. Ihr Ehemann trottet hinterher.

„Wir waren zu viert Pizza essen, drunten an der Promenade ... Und der Kellner hat schon immer so komisch geschaut, gell Dieter?"

Dieter nickt unsicher.

„Was ist denn eigentlich passiert?", frage ich, woraufhin mir die Dame den Zettel hinhält. Ich erkenne, dass es sich dabei offensichtlich um die Rechnung aus der Pizzeria handelt.

„Wir haben uns schon gewundert, weil das ziemlich teuer war!“ Die Frau überholt sich beim Sprechen vor Aufregung beinahe selbst. „Und jetzt haben wir nochmal nachgesehen. Keiner von uns hat so ein … ‚coperto‘ bestellt! Und trotzdem haben sie uns vier Stück davon bezahlen lassen! Komm’, Dieter, wir gehen da nochmal hin und beschweren uns!“

Es kostet mich einige Mühe, der Dame zu erklären, dass es sich beim *coperto* keinesfalls um Betrug, sondern um eine Gebühr für jedes Gedeck handelt, die in Italien üblicherweise zur Rechnung hinzugefügt wird und auch auf den Speisekarten ausgewiesen ist.

Schließlich lässt sie sich überzeugen, von einer Beschwerde abzusehen und sich stattdessen in Zukunft immer vorher zu erkundigen, wie viel das *coperto* im jeweiligen Restaurant ausmacht. Trotzdem ist in einigen Reiseteilnehmern ab sofort die Saat des Misstrauens gesät: Die Gespräche drehen sich während der nächsten Stunden hauptsächlich um Gauner und Betrügereien und darum, wie man diesen als argloser Tourist am besten entgeht.

„In Apulien haben sie mir mal den Bus aufgebrochen. Das hat ein Chaos gegeben, sag’ ich dir!“

Jürgen zieht gedankenverloren an seiner Zigarette, während er in wenig erbaulichen Erinnerungen an vergangene Fahrten schwelgt. Das „Thema des Tages“ hat ihn inspiriert. Wir befinden uns auf dem Parkplatz eines kleinen Weinguts in Colà, die Reiseteilnehmer probieren sich in der *cantina* durch das Angebot. Anders als bei meinem Besuch auf dem Weingut von Alessandros Familie im Valpolicella geht es hier ziemlich locker zu, die Preise sind moderat, und die Reiseteilnehmer bekommen zusätzlich zu Wein und Grappa auch eine hervorragende Salami mit Brot angeboten. Lucio und

Fabio, die beiden Brüder, denen der Betrieb gehört, nehmen sich ausgiebig Zeit, um in gebrochenem Deutsch mit ihren Besuchern zu plaudern und zu scherzen.

„Erst sind alle wild durcheinander gelaufen und haben sich gegenseitig aufgezählt, was wem gestohlen wurde", erzählt Jürgen weiter. „Und dann ist die Streiterei unter den Eheleuten losgegangen: ‚Warum hast du die Handtasche nicht mitgenommen?' ‚Ich hab' dir doch gesagt, du sollst den Fotoapparat nicht im Bus lassen!' Lauter solche Sachen eben. Die Polizei war auch nicht in der Lage, die Situation zu beruhigen – im Gegenteil! Die konnten weder Deutsch noch Englisch und haben ewig gebraucht, um alles aufzunehmen."

Der Busfahrer drückt die Zigarette an der hüfthohen Wand aus, auf der wir sitzen, und schnippt die Kippe treffsicher in einen in der Nähe aufgestellten Mülleimer.

„Am Ende war *ich* für die Leute der Hauptschuldige – weil ich unvorsichtigerweise für ein paar Minuten auf die Toilette gegangen bin und den Bus unbeaufsichtigt gelassen habe. Außerdem haben sie natürlich noch den italienischen Staat im Allgemeinen und die Mafia im Besonderen als Ursachen für den Diebstahl ausgemacht. Während der ganzen Reise gab es kein anderes Thema mehr!"

Als wir wieder abfahrbereit sind, ist die Stimmung plötzlich viel gelöster. Die Weinprobe hat den Reiseteilnehmern sichtlich gutgetan, es wird viel gelacht und gescherzt. Herrn Becks launige Kommentare finden jetzt Anklang in der Gruppe, und seine Frau verzichtet darauf, ihn mit dem Ellenbogen zu traktieren. Sogar über Herrn Dr. Weinbergers Gesicht huscht gelegentlich das eine oder andere Lächeln.

Die weiteren Tage, in denen ich mit der Reisegruppe die gesamte Ostküste des Sees erkunde, vergehen wie im Flug.

Wir bestaunen Palazzi und Villen in Garda und diskutieren unter den Zypressen auf der Landzunge von Punta San

Vigilio darüber, ob wir uns hier wirklich am „schönsten Ort der Welt“ befinden, wie der Humanist Agostino Brenzone schon im 16. Jahrhundert behauptet hat.

In Torri spazieren wir vom Castello zur Seepromenade, wo ich erkläre, dass das Wort „Benaco“, das noch in so manchem hiesigen Ortsnamen auftaucht, auf den lateinischen Namen „Lacus Benacus“ zurückgeht, den die Römer dem Gardasee gegeben haben.

„Die heute übliche Bezeichnung ‚*Garda*‘ kommt dagegen wahrscheinlich vom germanischen Wort für ‚beobachten‘.“ An dieser Stelle ernte ich wieder ein anerkennendes Nicken von Herrn Dr. Weinberger.

In der Kabine der Seilbahn, die uns auf den 2200 Meter hohen Monte Baldo bringt, denkt Herr Beck laut darüber nach, wie lange wir wohl im Fall einer technischen Panne auf engstem Raum in luftiger Höhe ausharren müssten – bis seine Frau wieder ihren Ellenbogen zum Einsatz bringt. Oben angekommen genießen wir atemberaubende Ausblicke auf den See, und ich mache die Gruppe auf die üppige Pflanzenwelt aufmerksam, die diesem Berg den Beinamen *„giardino d’Europa“* („Europas Garten“) eingebracht hat.

Am letzten Tag fahren wir mit dem Schiff von Malcesine quer über den See nach Limone. Unterwegs habe ich die Gelegenheit, meiner Gruppe zu erzählen, dass in diesem malerisch gelegenen Ort am Nordwestufer besonders viele rüstige alte Menschen leben.

„Das ist so auffällig, dass sich sogar die Wissenschaft dafür interessiert. Man hat festgestellt, dass die Bewohner von Limone ein bestimmtes Protein im Körper haben, welches dafür sorgt, dass sie weniger schnell altern.“

Und bevor wir von Bord gehen, möchte ich unbedingt noch ein weit verbreitetes Missverständnis aufklären:

„‚Limone‘ heißt der Ort übrigens *nicht* wegen der Zitronen, die hier dank des besonders milden Klimas gedeihen, sondern weil er seit jeher eine Provinzgrenze markiert hat. Wie Sie vielleicht wissen, ist ‚limes' das lateinische Wort für Grenze." Herr Dr. Weinberger hatte schon Luft geholt – aber ich bin ihm zuvorgekommen.

Am Abreisetag verabschiede ich mich von jedem einzelnen Mitglied der Gruppe und bekomme dabei wohltuend viele nette Worte und gute Wünsche zu hören. Auch das gesammelte Trinkgeld, das mir Herr Dr. Weinberger am Ende überreicht, fällt üppiger aus, als ich erwartet hätte. Als sich der Bus schließlich in Bewegung setzt, und Jürgen zum Abschied ein paarmal hupt, werde ich beinahe ein bisschen wehmütig. Doch dann bemerke ich auch schon, wie müde ich bin.

Ich packe meine Sachen und fahre nach Lazise. Dort angekommen, begrüße ich Francesca, vertröste sie dann aber auf später. Jetzt muss ich mich erstmal ausruhen. In meinem Zimmer falle ich erschöpft ins Bett – und schon klingelt mein Telefon. Für einen Moment überlege ich, ob ich überhaupt rangehen soll, doch dann gebe ich mir einen Ruck.

„Pronto?"

„*Ciao,* Giulia! Hier ist Alessandro. Ich wollte dich fragen, wie es dir mit deiner Reisegruppe ergangen ist."

„*Ciao,* Alessandro. Es hat alles gut geklappt. Die Leute sind schon wieder auf dem Weg nach Deutschland – und ich bin ganz schön erledigt."

„Ja, du klingst tatsächlich müde. *Riposati* – und dann habe ich eine Überraschung für dich!"

„Eine Überraschung?"

„Ja. Kannst du dir nächsten Donnerstag freihalten? Ich hole dich ab. So gegen zehn Uhr?"

Müde, wie ich momentan bin, sage ich ohne weitere Diskussion zu und beende das Gespräch. Bevor ich mir auch nur einen Gedanken darüber machen kann, was Alessandro wohl mit mir vorhaben könnte, bin ich eingeschlafen.

Giugno

Es ist Mittwoch, der 1. Juni, und ich sitze an meinem Stammplatz in Gipis Bar. Zwar habe ich diesmal keine halbe Reisegruppe dabei – doch inzwischen ist das Lokal ohnehin jeden Tag gut gefüllt. Kein Vergleich zum Winter, als ich oft der einzige Gast war!

Auf dem kleinen Tischchen vor mir steht mein Laptop, ich stöbere auf verschiedenen Seiten durch die Anzeigen für Ferienwohnungen am Gardasee. Der Optimismus, mit dem ich meine Suche nach einer Bleibe für August begonnen habe, ist längst verflogen. Das Angebot an Unterkünften ist erwartungsgemäß riesig, die meisten sind jedoch bereits ausgebucht. Und das bei Preisen, die ich nicht im Traum bezahlen könnte! Selbst das schäbigste Loch kostet in der Hauptsaison pro Woche mehr als Francesca und Luis im Monat verlangen.

„Möchtest du Urlaub machen? Gefällt es dir nicht mehr bei uns?"

Giampaolos Schwester Rita hat im Vorbeigehen einen Blick auf meinen Bildschirm geworfen. Ich erkläre ihr mein Dilemma, und ihr Gesicht nimmt mit jedem Satz einen mitleidigeren Ausdruck an.

„Im August? *Porca miseria!* Ach du meine Güte! Da bist du wirklich nicht zu beneiden."

Wie gern hätte ich statt dieser Beileidsbekundung etwas Aufmunterndes aus Ritas Mund gehört. Tja, offenbar habe ich ein echtes Problem.

Während ich mich lustlos weiter durch die Angebote klicke, denke ich über mögliche Alternativen nach. Camping? Nun, ich kann mir inzwischen zwar besser erklären, warum so viele Urlauber mit Zelt oder Wohnwagen zum Gardasee reisen – aber ich weiß auch, dass hier in der Gegend eine Parzelle auf dem Campingplatz kaum günstiger zu haben ist als ein einfaches Hotelzimmer. Außerdem kommt an dieser Stelle meine persönliche Aversion gegen Gemeinschaftsbäder ins Spiel. Bevor ich morgens beim Duschen darüber nachgrüble, ob Hildegard aus Grevenbroich, die vor mir in dieser Kabine war, vielleicht Fußpilz hat, oder mir abends beim Zähneputzen von Antje aus den Niederlanden das Nachthemd vorführen lasse, das sie unglaublich günstig im Outlet-Center am Brenner gekauft hat, verbringe ich den August dann doch lieber in Deutschland.

Aber stimmt das wirklich? Nein. Ich möchte auf keinen Fall zurück, auch nicht für ein kurzes Intermezzo. Zwar habe ich mich inzwischen schon ein paarmal dabei ertappt, dass ich Florian vermisse – doch ich will ihm nicht das Gefühl geben, dass er mit seinen ewigen Bedenken recht behalten hätte. Und ansonsten fehlt mir nur meine Mutter, aber die hat sowieso für übernächste Woche ihren Besuch angekündigt.

Wenn ich darüber nachdenke, wen ich um Hilfe bitten könnte, fällt mir nur Alessandro ein. Den treffe ich ja morgen. Ich bin mir sicher, dass er, sobald er von meinem Problem erfährt, wieder irgendeine Lösung aus dem Hut zaubern wird. Allerdings widerstrebt es mir, schon wieder auf ihn angewiesen zu sein, nachdem er mir bereits bei meinem Artikel und beim Beantragen der *autorizzazioni* für die Führungen geholfen hat.

Nein, ich will das ohne Alessandro bewältigen! Sogar wenn das bedeutet, dass ich, wie mir Luis bereits angeboten hat, im August bei ihm und Francesca im Wohnzimmer auf einer Isomatte nächtigen muss.

Am nächsten Morgen klingelt es pünktlich um zehn Uhr an der Haustür. Als ich öffne, steht wie erwartet Alessandro vor mir, heute nicht im feinen Anzug, sondern mit Jeans und einem weiß-blau gestreiften Poloshirt, in dessen kurze Knopfleiste er lässig seine Sonnenbrille gehängt hat. Ich muss zugeben, dass er mir auch im Freizeitlook ziemlich gut gefällt.

„*Allora*, was ist denn nun deine Überraschung?", frage ich nach der Begrüßung neugierig.

„*Pazienza*, Giulia, das wirst du gleich sehen. *Andiamo*!"

Wir gehen zur Uferpromenade und dann in Richtung des alten Hafens. Als Alessandro zielstrebig auf die Kaimauer zuläuft, keimt langsam ein Verdacht in mir. Wenige Sekunden später stelle ich fest, dass ich richtig liege.

„*Benvenuta a bordo!*"

Im Hafenbecken liegen heute nur ein paar Ruder- und zwei Motorboote. Alessandro deutet mit einer einladenden Geste auf das größere von beiden, dessen aus verschiedenfarbigem Holz gefertigtes und blankpoliertes Deck in der Sonne glänzt. Hinter einer ausladenden Windschutzscheibe befinden sich ein großes Steuerrad, ebenfalls aus glasiertem Edelholz, und zwei beigefarbene, gepolsterte Sitzreihen. Auf dem Rumpf ist ein mit geschwungenen, goldfarbenen Buchstaben geschriebener Name zu lesen: *Vittoria*.

„Als mein Vater dieses Boot gekauft hat, kam für ihn kein anderer Name in Frage als der meiner Mutter", erklärt mir Alessandro, dessen Blick meinem offenbar gefolgt ist. Dann schwingt er sich auch schon an Deck und streckt mir auffordernd seine Hand entgegen.

„Ich ... ich weiß gar nicht, was ich sagen soll!" Die Aussicht, mit Alessandro in diesem schnittigen Gefährt, das auf mich wirkt, als sei es direkt einem Filmklassiker entsprungen, über den See zu fahren, verschlägt mir für einen Moment die Sprache.

„Du musst gar nichts sagen, Giulia", meint Alessandro. „Aber du solltest jetzt einsteigen."

Während ich mit etwas wackeligen Knien an Bord gehe, spüre ich die neugierigen Blicke der Gäste an den Tischen der umliegenden Bars in meinem Rücken. Wie oft habe ich mich selbst beim Anblick eines solchen Bootes an dieser Anlegestelle gefragt, wem so ein edles Gefährt wohl gehören mag und wie es wäre, damit übers Wasser zu brausen?

Jetzt, während Alessandro in langsamer Fahrt mit leise brummendem Motor durch das Hafenbecken und dann hinaus auf den See steuert, erscheint mir die ganze Szene beinahe unwirklich, und die unverhohlene Aufmerksamkeit der Leute ist mir ein bisschen unangenehm. Doch spätestens in dem Moment, als wir weit genug vom Ufer entfernt sind und mein Begleiter den Hebel, der die Geschwindigkeit des Bootes reguliert, ein gutes Stück nach vorne schiebt, werden alle zwiespältigen Gefühle vom plötzlich einsetzenden Fahrtwind weggeweht. Das Heck des Bootes gräbt sich tief ins Wasser, der Motor röhrt kraftvoll auf, und ich kann mir ein begeistertes Jauchzen nicht verkneifen, während wir mit jeder Sekunde schneller über den See zu fliegen scheinen.

Nicht lange und schon umkurven wir die Punta San Vigilio und sehen die Baia delle Sirene, die Badebucht, die sich im Norden anschließt. Das Freiheitsgefühl, das ich schon beim österlichen Vespa-Ausflug mit Francesca empfunden habe, wird bei dieser rasanten Fahrt noch weit übertroffen.

Alessandro hat längst bemerkt, wie begeistert ich bin, und bietet mir mit einer freimütigen Geste an, selbst das Steuer zu übernehmen. Ich schüttle lachend den Kopf – diese Bootstour möchte ich jetzt einfach nur genießen. Er zuckt mit den Schultern und gibt wieder Gas, fährt eine langgezogene Linkskurve und achtet dabei sorgfältig darauf, den vielen Seglern, die heute unterwegs sind, nicht zu nahe zu kommen.

In etwas gemäßigterem Tempo geht es quer über den See in Richtung Salò. Doch Alessandro steuert das Boot nicht in die Bucht, sondern hält auf eine vorgelagerte Insel zu. Schon von weitem kann man die Mauern eines prächtigen Palazzos mitten auf dem schmalen, länglichen Eiland erkennen.

„Die Isola del Garda! Bis vor kurzem war es für normale Leute unmöglich, sie zu besuchen. Das gesamte Areal ist Privatbesitz der Familie Borghese Cavazza, und der Palazzo dient ihnen noch immer als Wohnhaus. Er ist sehr groß, wie du siehst – aber die aktuelle Generation der Cavazzas besteht aus sieben Geschwistern, da braucht man Platz! Es kostet die Familie natürlich sehr viel, das alles zu erhalten. Auch deswegen werden seit einigen Jahren regelmäßig Bootstouren zur Isola in Verbindung mit einer Führung durch die Gärten angeboten. Die zahlenden Besucher dürfen außerdem ein paar Räume des Palazzos besichtigen."

Wir kommen an einer Anlegestelle vorbei, an der kleine Boote festgemacht sind. Ich versuche mir auszumalen, wie es sich anfühlen würde hier zu leben, auf einer eigenen kleinen Insel, mit Wohnpalast und Schlossgarten – und ich muss zugeben: Diese Vorstellung gefällt mir.

„Die Isola del Garda ist auch historisch interessant", fährt Alessandro unterdessen mit seinen Erläuterungen fort. „Man hat dort Hinterlassenschaften aus der Zeit der Antike gefunden. Und im Mittelalter hat Franz von Assisi auf ihr ein Kloster gegründet. Damals wurde sie ‚Insel der Mönche' genannt."

Nachdem wir die Isola einmal umrundet haben, fahren wir noch ein kurzes Stück Richtung Norden und legen dann im Hafen von Gardone an. Wir spazieren ein wenig durch die Gassen und setzen uns schließlich an einen sonnigen Tisch vor einer Bar. Ich bleibe bei meinem Entschluss, Alessandro nicht mit meinen Problemen bei der Wohnungssuche zu belästigen. Schließlich habe ich auch positive Neuigkeiten: Mein Artikel über Wein und Kaffee im Veneto ist bei der Zeitschrift gut angekommen und wird bald erscheinen. Außerdem berichte ich ihm vom bevorstehenden Besuch meiner Mutter, die angekündigt hat, zusammen mit mir ein volles Touristenprogramm durchziehen zu wollen, mit einer Opernvorstellung in der Arena von Verona als Abschluss. Alessandro hört amüsiert zu und erzählt zwischendurch von seiner Arbeit und seiner Familie.

„Ich weiß gar nicht, wie ich dir danken soll. Das war wirklich ein tolles Erlebnis“, stelle ich fest, als wir drei Stunden später in den alten Hafen von Lazise zurückkehren.

„*Grazie a te!* Für mich war das eine schöne Gelegenheit, endlich einmal wieder mit dem Boot rauszufahren – und dann auch noch mit so bezaubernder Begleitung“, antwortet Alessandro in seiner gewohnt charmanten Art.

Nachdem ich ausgestiegen bin und wir uns verabschiedet haben, legt Alessandro gleich ab, um das Boot nach Peschiera zu bringen, wo es seinen angestammten Ankerplatz hat. Auch diesmal folgen ihm viele neugierige Blicke von der Uferpromenade, und ich lasse die „Vittoria“ und ihren attraktiven Steuermann ebenfalls nicht aus den Augen, bis sie endgültig aus meinem Sichtfeld verschwunden sind. Dann mache ich mich auf den Heimweg, beseelt von dem Gefühl, während der letzten Stunden nicht nur den Gardasee, sondern auch Alessandro della Valle von einer neuen, durchaus faszinierenden Seite kennengelernt zu haben.

Einige Tage später reist meine Mutter mit dem Zug an, ich hole sie am frühen Nachmittag vom Bahnhof „Porta Nuova“ in Verona ab. Nachdem wir ihren Koffer in meinem Auto verstaut haben, beschließen wir, nicht sofort nach Lazise zu fahren, wo ich für sie ein Zimmer in einem kleinen Hotel gebucht habe, sondern zunächst einmal einen ausgedehnten Spaziergang durch Verona zu unternehmen.

„Ich bin gerade fünf Stunden lang gesessen – jetzt freu ich mich, dass ich endlich hier bin und mit dir die Stadt erkunden kann“, antwortet Mama auf meine vorsichtige Frage, ob sie sich nicht lieber zuerst ein wenig ausruhen wolle.

Ich parke bei der Arena, wo wir gleich noch unsere Opernkarten kaufen. Dann flanieren wir durch die Via Mazzini und ergötzen uns ausgiebig an den Schaufenstern der edlen Boutiquen, überqueren die von bunt bemalten Fassaden eingerahmte Piazza delle Erbe, steigen auf die „Torre dei Lamberti", um von dort oben die großartige Aussicht auf die Dächer Veronas zu genießen, und stärken uns danach in einer Bar mit Tramezzini und Bruschette.

Als wir im Innenhof der „Casa di Giulietta" unter dem Balkon stehen, den die Menschen sich so gern als Schauplatz der berühmtesten Szene aus Shakespeares Drama „Romeo und Julia" vorstellen – obwohl es sich bei ihm in Wirklichkeit um einen antiken Sarkophag handelt – erzählt mir Mama, dass ich meinen Vornamen der Tatsache verdanke, dass sie und Papa schon immer eine ganz besondere Beziehung zu Verona hatten. Ich kenne diese Geschichte längst, höre sie aber immer wieder gern. Danach werfen wir noch einen Blick in die wunderschöne Kirche Sant' Anastasia, bevor wir über die Ponte Pietra zu den eindrucksvollen Überresten des „Teatro Romano" spazieren.

Durch das idyllische *quartiere* jenseits der Etsch, in dem vom Touristentrubel des *centro storico* kaum noch etwas zu spüren ist, kehren wir zum Auto zurück. Unterwegs fällt mir wieder ein, was Alessandro neulich über diese Gegend erzählt hat.

„Als die Franzosen zu Napoleons Zeiten Verona besetzt hatten, haben sie dem ältesten Teil der Stadt, der außerhalb des Etschbogens liegt, den etwas abfälligen Namen ‚Veronette' gegeben. Die stolzen Bewohner haben sich die Bezeichnung zu eigen gemacht und nennen ihr Viertel noch heute so."

Mama ist beeindruckt.

„Hast du das auch für deine Reisegruppe gelernt?"

Ich nicke und wechsle dann schnell das Thema. Irgendetwas gibt mir das Gefühl, dass ich Alessandro jetzt besser nicht erwähnen sollte.

Am nächsten Vormittag hole ich meine Mutter im Hotel ab. Heute möchte ich mit ihr durch Lazise spazieren und ihr dabei eine Vorstellung davon vermitteln, wie ich hier lebe. Schon in Verona habe ich gemerkt, dass die Zweifel, die sie vor meiner Abreise geäußert hat, noch keineswegs komplett verflogen sind. Andererseits scheint sie von der Konsequenz, mit der ich mein Vorhaben bis hierhin durchgezogen habe, beeindruckt zu sein. Außerdem hilft es sehr, dass sie Italien genauso liebt wie ich.

Die Frauen in der *tabaccheria*, die mich immer so zuvorkommend bedienen, wenn ich eine neue Telefonkarte, einen Notizblock oder einen Kugelschreiber brauche, freuen sich sehr, meine Mutter kennenzulernen. Sofort entwickelt sich ein lebhaftes Gespräch zum Thema „Familie", bei dem ich erfahre, dass die beiden älteren Damen – Jolanda und Enrichetta – verschwägert sind und dass die Tochter der einen – Paola – ebenfalls in der *tabaccheria* mitarbeitet. Genau wie Elena, die Enkelin, die selbst bereits einen Sohn hat und momentan das zweite Kind erwartet.

„Ja, der kleine Leonardo bekommt ein Geschwisterchen! Ende des Jahres wird es so weit sein."

Auch bei Cristina im *alimentari* schauen wir vorbei. Sie ist überschwänglich wie immer.

„*Stella*, welch eine Freude, dass du mir deine *mamma* vorstellst! Sie ist genauso hübsch wie du! *Signora*, ich habe ja schon so viel von Ihnen gehört ... Machen Sie sich keine Sorgen um Ihre Tochter, wir passen schon gut auf sie auf."

Meine Mutter möchte höflicherweise eine Packung Kekse kaufen, doch Cristina wehrt sich mit Händen und Füßen dagegen, Geld von ihr anzunehmen. Schließlich verlassen wir das Lebensmittelgeschäft mit einer geschenkten Schachtel *cantuccini* und dem verpflichtenden Auftrag, vor Mamas Abreise unbedingt noch einmal vorbeizukommen.

Natürlich möchte meine Mutter auch meine Vermieter kennenlernen und sehen, wo ich wohne. Als wir kommen, ist Luis – wie fast immer, seit die Saison begonnen hat – in der Arbeit, doch Francesca begrüßt Mama herzlich und zeigt ihr die Wohnung. Dann setzen wir drei uns in die Wohnküche, essen Cristinas *cantuccini* und reden über Gott und die Welt. Francesca, die weiß, dass meine Mutter meinen Aufbruch zum Gardasee mit einiger Sorge gesehen hat, versäumt nicht, darauf hinzuweisen, wie gut ich mich inzwischen eingelebt hätte und wie leicht es mir falle, neue Bekanntschaften zu schließen.

„Wenn man im Ausland nicht nur Urlaub macht, sondern dort länger leben und auch arbeiten möchte, stößt man früher oder später auf schwierige Situationen. Ich kenne das von meinem Mann", sagt sie, während sie drei große Gläser mit *spremuta d'arancia* füllt. „Dann ist es wichtig, dass man Kontakte hat. Giulia kann sich natürlich immer an Luis und mich wenden, aber sie kennt hier auch schon viele andere Leute. Alessandro zum Beispiel, der hat ihr ja bereits das eine oder andere Mal geholfen ..."

Schnell nehme ich das Glas zur Hand, das Francesca gerade vor mir abgestellt hat, und lobe ausführlich den frisch gepressten Orangensaft. Ich hoffe inständig, dass der Themenwechsel funktioniert – und ich habe Glück. Anscheinend hat meine Mutter gerade nicht so genau hingehört, jedenfalls geht sie mit keinem Wort auf Francescas Bemerkung ein.

Etwas später sitzen wir vor Gipis Bar an einem Tisch in der Sonne und beobachten das bunte Treiben am alten Hafen, während meine Mutter mir Neuigkeiten von Freunden und Verwandten in Deutschland erzählt und über den verregneten Frühling klagt, den sie zu Hause erlebt hat.

„Der April war eine Katastrophe – und der Mai war auch nicht viel besser. Im Garten bin ich zu gar nichts gekommen. Als dann vorletzte Woche endlich mal die Sonne geschienen hat, ist glücklicherweise Florian vorbeigekommen und hat wenigstens den Rasen gemäht. Er vermisst dich sehr!"

Mit dieser überraschenden Wendung trifft sie mich auf dem falschen Fuß. Mit einer knappen Bemerkung mache ich ihr klar, dass ich jetzt nicht über Florian sprechen möchte – doch in meinem Inneren zeigt das, was meine Mutter gesagt hat, bereits Wirkung. Ich fühle mich schlecht, weil ich hier am Gardasee meinen Traum verfolge und zugegebenermaßen auch Alessandros Aufmerksamkeit genieße, während mein braver, pflichtbewusster Verlobter zu Hause bei meiner Mutter den Rasen mäht und dabei an mich denkt.

Andererseits bin ich wütend. Wütend auf Florian, weil er sich offensichtlich bei meiner Mutter ausgeheult hat, und wütend auf Mama, weil sie es nicht lassen kann, sich in unsere Angelegenheiten einzumischen.

Wir schweigen uns eine halbe Minute lang an, und dann stellt mir meine Mutter eine Frage, mit der sie nur scheinbar das Thema wechselt. In Wirklichkeit macht sie mir damit klar, dass sie nicht so ohne Weiteres bereit ist, mein Liebesleben unkommentiert zu lassen – und dass sie gerade eben in der Wohnküche sehr wohl ganz genau hingehört hat:

„Wer ist eigentlich dieser Alessandro, den Francesca vorhin erwähnt hat? Von dem hast du mir gar nichts erzählt."

Für den 13. Juni, den Antoniustag, haben meine Mutter und ich uns vorgenommen, nach Padua zu fahren, wo sich das Grab des Heiligen befindet, zu dem jedes Jahr unzählige Gläubige pilgern.

Der in Lissabon geborene *Santo* ist auch fast 800 Jahre nach seinem Tod ein vielbeschäftigter Mann:

Zum einen ist er für die Verliebten zuständig – oder für die, die es gern werden möchten. Busse voller hoffnungsfroher Singles reisen regelmäßig aus ganz Europa nach Padua, um direkt vor Ort ihr Anliegen an den Mann zu bringen.

Die hohe Erfolgsquote solcher Reisen mag auch damit zu tun haben, dass die Konzentration vieler Liebeshungriger und Heiratswilliger beiderlei Geschlechts auf engem Raum an sich schon ein gutes Umfeld für die Entstehung neuer Zweisamkeit bietet. Doch nichtsdestotrotz bleibt Antonius für viele Katholiken unverzichtbarer Bestandteil der Suche nach dem Mann oder der Frau fürs Leben, sei es offiziell bei der Wallfahrt oder zu Hause im stillen Kämmerlein.

Meine Mutter hat Antonius' Hilfe zuletzt eher im Zusammenhang mit seinem zweiten Spezialgebiet in Anspruch genommen: dem Wiederfinden verlorener Gegenstände. Während wir südlich der Altstadt am „Prato della Valle" auf der Suche nach einem freien Parkplatz durch die endlosen Reihen abgestellter Autos fahren, rechnet mir Mama vor, wie viele Kerzen sie in der Kirche anzuzünden gedenkt, um sich für das Auffinden diverser Schmuckstücke, Brillen, Portemonnaies, Handtaschen und Schlüssel zu bedanken, die sie seit ihrem letzten Besuch in Padua verlegt, verloren oder irgendwo vergessen hat.

Auf dem Weg zur Basilika durchqueren wir einen nicht enden wollenden Jahrmarkt. Spezialitäten aus sämtlichen Regionen Italiens werden von den Verkäufern in den Buden lautstark angepriesen, seien es knallbunte, klebrige Süßigkeiten, verführerische Kuchen oder höllisch scharfe Würste.

Je näher wir der Kirche kommen, desto häufiger sehen wir Stände mit Devotionalien, frommen Figuren, Kerzen und Gegenständen, die jeden Hausaltar um ein Stück Kitsch bereichern: Bilder von Antonius und anderen Fürsprechern, eingerahmt in einen Kranz aus bunten Lämpchen, die mit Hilfe einer Steckdose eine besinnlich blinkende Lichtshow veranstalten. Der Heilige präsentiert sich hier in allen Formen und Farben: schlicht und stilvoll, aus Holz oder Metall, zum Aufstellen oder Umhängen, aber auch aus Plastik und ziemlich bunt, mit Glitzersteinchen im Haar und auf der Kutte.

In der riesigen, von mehreren Kuppeln gekrönten Basilika drängen sich Menschen aller Altersgruppen, um das steinerne Grabmal zu berühren, sich vor den in der Apsis ausgestellten Reliquien zu bekreuzigen und ein Gebet zu sprechen. Wir reihen uns ein, und bis wir dran sind, beobachte ich staunend die Menschen, die durch dasselbe bunte Treiben wie wir hierhergekommen sind und offenbar keinerlei Schwierigkeiten damit haben, das rauschende, sinnenfreudige Volksfest vor der Kirchentür mit der besinnlichen Einkehr im Inneren der Basilika zu verbinden.

Bevor wir das Gotteshaus wieder verlassen, muss meine Mutter noch ihr Gelübde einlösen. Sie erwirbt ein ganzes Bündel von Kerzen und drückt mir auch eine in die Hand.

„Hier, für dich!"

Ich stelle mich neben sie vor eine hölzerne Antoniusfigur, um die herum bereits ein ganzes Meer kleiner Flammen tanzt, zünde die Kerze an und stecke sie in einen der wenigen verbliebenen freien Plätze in der Halterung. Eigentlich bin ich ziemlich gut organisiert und verliere nur sehr selten etwas. Ich frage sie jetzt lieber nicht danach, aber offenbar glaubt meine Mutter, dass ich die Hilfe des *Santo* in einem anderen Bereich nötig haben könnte.

„Wenn sie deinen deutschen *fidanzato* so mag, was sagt deine *mamma* dann dazu, dass Alessandro dich auf die Hochzeit seiner Cousine eingeladen hat?"

Ich sitze mal wieder mit Francesca in der Wohnküche, draußen prasselt heftiger Regen auf die Dächer von Lazise. Ob aus der Opernvorstellung in der Arena heute Abend etwas wird?

Ich winke ab. „Von dieser Einladung weiß sie gar nichts."

Warum hätte ich Mama auch erzählen sollen, dass Alessandro mich angerufen hat, um mich zu fragen, wie es mir gehe, wie es meiner Mutter am Gardasee gefalle – und ob ich nicht gern zur Hochzeitsfeier seiner Cousine kommen wolle, die im Juli auf dem mir ja bereits bekannten Weingut seiner Familie im Valpolicella stattfinden werde? Bei dieser Gelegenheit, so Alessandro, könne ich den Speisesaal, von dem ich so geschwärmt hätte, einmal in Aktion erleben, ebenso wie die kleine Kapelle. Ich solle es mir überlegen und ihm dann Bescheid sagen, er würde sich jedenfalls sehr freuen, wenn ich die Einladung annähme. Außerdem solle er schöne Grüße von seiner *mamma* ausrichten, die mich ebenfalls gern wiedersehen würde.

Nein, solange ich noch nicht einmal sicher bin, ob ich wirklich auf diese Hochzeit gehen werde, muss meine Mutter nichts davon wissen.

Ich stehe auf und gehe zum Fenster. Ein Blitz erleuchtet für den Bruchteil einer Sekunde den dunkelgrauen Himmel, kurz darauf ertönt ohrenbetäubendes Donnergrollen.

„Was meinst du, Francesca?", frage ich meine Vermieterin. „Wird es heute noch aufhören zu regnen?"

Einige Stunden später stehen Mama und ich vor dem Eingang der Arena von Verona. Für den Moment hat sich das Wetter gebessert, doch das Pflaster der Piazza Bra ist noch nass, und die Verkäufer vor den Toren des Amphitheaters bieten den Opernbesuchern neben den üblichen *bibite* und *gelati* wenig kleidsame und Unheil verheißende *impermeabili* an.

„Schade, dass es ausgerechnet heute so regnerisch ist. Hoffentlich muss die Aufführung nicht abgesagt werden!"

Mama blickt mit skeptischer Miene zum Himmel. Ich weiß nicht, was mir unangenehmer wäre: eine Absage, die meine Mutter, die sich schon so lange auf „Nabucco" gefreut hat, sicher maßlos enttäuschen würde – oder eine Opernaufführung, die wegen des schlechten Wetters immer wieder unterbrochen werden muss und sich bis in die frühen Morgenstunden hinzieht? Was ich dagegen mit Sicherheit weiß, ist, dass wir, sobald das Orchester auch nur einen einzigen Ton gespielt hat, keinen Cent mehr von unserem Eintrittsgeld zurückbekommen – egal, was aus dem Konzert wird.

Als wir die Eingangskontrolle passiert und uns sorgfältig unsere Plätze auf den äußeren Rängen ausgesucht haben, reißt die Wolkendecke dann doch noch etwas auf.

Während ich die spektakulär gut gekleideten Damen und Herren beobachte, die sich auf die teuren Plätze im Parkett begeben, fällt mir ein, dass – sollte ich Alessandros Einladung annehmen – ein ernsthaftes Outfit-Problem auf mich zukommt. Ich habe nichts mit zum Gardasee gebracht, was für eine Hochzeit geeignet wäre, und mein Budget lässt eine spontane Anschaffung in dieser Größenordnung keinesfalls zu.

Während der vierstündigen Darbietung passiert das, womit keiner mehr gerechnet hatte: Es bleibt trocken. Kein einziger Tropfen fällt an diesem Abend vom Himmel. Nachdem wir am Ende der Vorstellung glücklich, müde und – wegen der auf die Dauer trotz mitgebrachter Sitzkissen ziemlich unbequemen Steinstufen – mit schmerzendem Rücken ergriffen ein zweites Mal dem Gefangenenchor gelauscht haben, freuen wir uns, dass wir optimistisch genug waren, kein Geld für *impermeabili* hinauszuwerfen.

Als ich meine Mutter am nächsten Morgen nach Verona fahre, von wo aus sie den Zug zurück nach Hause nehmen wird, sind wir beide traurig, weil wir wissen, dass bis zu unserer nächsten Begegnung mindestens ein paar Monate vergehen werden. Mama hat jetzt zwar mit eigenen Augen gesehen, wie ich am Gardasee lebe und dass es mir bisher wirklich gut ergangen ist – trotzdem macht sie sich Gedanken darüber, wie es mit mir weitergehen soll.

„Hast du denn schon Pläne? Weißt du, wann du wieder nach Deutschland zurückkehren wirst?“, fragt sie, während die flache und nicht besonders ansehnliche Landschaft rechts und links der Schnellstraße an uns vorbeifliegt. „Und kommst du finanziell über die Runden? Es ist ja wirklich schön, dass diese Zeitschrift einige Artikel von dir drucken will – aber davon allein kann man ja nicht leben."

Der Ton, in dem sie das sagt, ist keineswegs vorwurfsvoll. Ich weiß, dass Mama den Süden ebenso liebt wie ich, dass sie Verständnis für meine Sehnsüchte hat und mir meine Zeit am Gardasee von ganzem Herzen gönnt. Aber sie ist eben auch meine Mutter, und Mütter machen sich nun einmal Sorgen. Deswegen bemühe ich mich, möglichst überzeugend zu klingen.

„Ich möchte auf jeden Fall bis Anfang des nächsten Jahres hier bleiben. Ich vermisse dich, ich vermisse meine Schwestern, und manchmal vermisse ich auch Florian und meine Freundinnen. Aber ich spüre, dass mir das Leben hier guttut. Das liegt nicht nur am Klima und an der schönen Landschaft, sondern vor allem an den Leuten. Eigentlich gibt es hier genauso viel Stress und Hektik wie bei uns – vor allem jetzt, wo die Saison losgeht. Aber ich habe das Gefühl, dass die Menschen, die hier leben, sich davon nicht so sehr vereinnahmen lassen wie wir. Sie verlieren ihre Freundlichkeit und ihre Lebensfreude nicht, jammern weniger und nehmen sich trotz allem Zeit für die schönen Dinge des Lebens. Diese Atmosphäre empfinde ich als sehr wohltuend und lehrreich. Und was das Geld betrifft: Ich muss ja nicht nur von den Artikeln leben. Herbert hat mich neulich angerufen und gefragt, ob ich im September noch eine Reisegruppe übernehmen kann. Und eine Sache habe ich hier sowieso schon gelernt: Egal, wie schwierig etwas am Anfang aussieht – am Ende gibt es ganz bestimmt eine Lösung!"

Luglio

„... AM ENDE GIBT ES GANZ BESTIMMT EINE LÖSUNG!" Auf der Fahrt nach Verona ahnte ich noch nicht, dass sich diese Worte wenige Tage später einmal mehr bewahrheiten würden.

Mein Wohnungsproblem habe ich zwar während meiner Ausflüge mit Mama erfolgreich verdrängt, doch nach ihrer Abreise stellt es sich dafür umso dringender. Natürlich hat sich die Situation inzwischen keineswegs verbessert – bis August bleiben mir nur noch vier Wochen Zeit, und der Gardasee ist für diesen Sommer quasi ausgebucht. Die Lage erscheint zunehmend ausweglos.

Meine Rettung naht eines Tages in der Person von Luciano, während ich mich wieder einmal an einem Tisch in Gipis Bar frustriert durch virtuelle Wohnungsanzeigen klicke.

„Hast du schon einmal als *barista* gearbeitet?", erkundigt er sich im Vorbeigehen unvermittelt bei mir.

Ich verneine erstaunt und möchte wissen, was der Grund für seine Frage ist.

„Nun ja, es wäre natürlich ein Vorteil, wenn du Erfahrung hättest. *Però*, ich denke, wir schaffen das auch so."

„*Scusa*, ich weiß jetzt gerade wirklich nicht, wovon du redest ..."

Schließlich rückt Luciano mit der Sprache heraus: Seine Frau Rita hat ihm erzählt, dass ich verzweifelt eine Unterkunft für August suche. Was ich nicht geahnt habe, ist, dass die beiden eine Wohnung in einer *residence* nicht weit entfernt vom Stadtzentrum besitzen.

„Wir können ja im Sommer nie wegfahren. Für Rita und mich war das früher akzeptabel – aber die Kinder brauchen in den Ferien Abwechslung, so wie ihre Klassenkameraden,

die Urlaub am Meer machen. Monatelang da oben", Luciano zeigt an die Decke der Bar, über der sich die Wohnung seiner Familie befindet, „oder hier im überfüllten *centro storico*? Das geht nicht. Also haben wir uns, als sich einmal eine günstige Gelegenheit geboten hat, ein *appartamento* in einer Ferienanlage zugelegt. Da ist es ruhiger, und es gibt eine *piscina*."
Dann kommt Luciano auf sein Angebot zurück: „Wenn du willst, kannst du im August dort in der *residence* wohnen. Uns wäre es am liebsten, wenn du hier in der Bar helfen könntest, anstatt Miete zu bezahlen. Giampaolo wäre auch einverstanden. Überleg' es dir."

Darüber muss ich nicht lange nachdenken – diesen Vorschlag schickt der Himmel! Ohne die Wohnung gesehen zu haben, sage ich zu. Luciano meint, es wäre gut, wenn ich so bald wie möglich zum Einarbeiten in die Bar kommen könne. Außerdem müsste ich mich noch um den *codice fiscale* kümmern, den ich als Angestellte in einem italienischen Unternehmen brauche.

Ich werfe einen Blick in meinen Kalender. Morgen möchte ich nach Arco fahren, wo der FC Bayern sein jährliches Trainingslager zur Saisonvorbereitung abhält, um einen Artikel darüber zu schreiben. Ansonsten steht einem kurzfristigen Engagement in Gipis Bar nichts im Weg.

Auf den letzten Kilometern führen mich provisorische Hinweisschilder zum Stadion von Arco, auf denen nur das rote Wappen des FC Bayern München mit dem blauen Rautenmuster im Zentrum zu sehen ist. In den vergangenen Tagen waren die hiesigen Zeitungen voll von Berichten über den Aufenthalt der Starkicker am Gardasee. Vor allem ein Pressetermin in Malcesine, bei dem die Spieler auf einem historischen Segelschiff in den von Schaulustigen und Honoratioren belagerten Hafen einfuhren, sorgte für große Aufmerksamkeit.

Mein Interesse für Fußball reicht so weit, dass ich die wichtigsten Gesichter der deutschen Nationalmannschaft kenne, deren Spiele ich bei Europa- und Weltmeisterschaften verfolge. Als „Fan“ würde ich mich jedoch nicht bezeichnen – und von den Vereinsmannschaften weiß ich kaum etwas. Doch der Rummel, den diese deutsche Mannschaft sogar hier in Italien verursacht, hat mich neugierig gemacht.

Das letzte Stück zum Stadion gehe ich durch die erbarmungslos brennende Sonne zu Fuß, und schon von Weitem kann ich hören, dass die Tribünen mit der Vereinshymne des FC Bayern beschallt werden. Je näher ich dem Eingang komme, desto mehr Menschen umgeben mich, zum Teil ausgestattet mit Trikots, Fahnen oder sogar Plakaten mit riesigen aufgemalten Botschaften an ihre Lieblingsspieler. Es überrascht mich, dass ich neben deutschen Touristen so viele Einheimische ausmache und bei all dem Gemurmel um mich herum so oft die italienische Sprache höre.

Die Tribüne ist zwar schon ziemlich voll, als ich schließlich ankomme – trotz der Sitzbänke stehen alle, um besser sehen zu können –, doch ich finde problemlos noch einen Platz. Auf dem Rasen absolvieren die Spieler in kleinen Gruppen ein paar lockere Übungen, das Trainerteam beobachtet sie dabei. In einem anderen Bereich kümmern sich der Vereinsarzt und eine ganze Armee von Physiotherapeuten um diejenigen, die von Blessuren geplagt werden. Das Ganze wirkt auf mich nicht besonders aufregend.

Viele der Fans auf der Tribüne scheinen dagegen elektrisiert vom Geschehen auf dem Rasen, führen fachmännische Gespräche über die Bewegungsabläufe einzelner Akteure, diskutieren anstehende Transfers und recherchieren nebenbei mit Hilfe ihrer Smartphones, ob es Neuigkeiten bezüglich der verletzten Spieler gibt. Vereinzelt werden Schlachtrufe skandiert oder die Namen bestimmter Spieler gerufen, doch diejenigen, die gemeint sind, lassen keinerlei Reaktion erkennen.

Irgendwann ertönt ein gellender Pfiff. Sofort streben auf dem Hauptplatz alle Spieler und Betreuer dem Tunneleingang zu, durch den sie in die Kabine gelangen. Durch die Stadionlautsprecher verkündet jemand – zunächst auf Italienisch, dann auf Deutsch – dass das Training für heute beendet sei. Außerdem gebe es morgen für alle einen freien Tag, man solle sich also nicht vergeblich herbemühen.

Ich bin einigermaßen erstaunt. Das war's also? Eine Dreiviertelstunde müdes Gekicke, und der Arbeitstag ist beendet? Für einen Moment spüre ich, wie angesichts des Einkommens der Akteure auf dem Feld Empörung in mir aufsteigt. Mit der Annahme, dass die Spieler heute hoffentlich noch stundenlange, intensive Trainingseinheiten und anspruchsvollste Taktikschulungen unter Ausschluss der Öffentlichkeit absolvieren müssen, versuche ich mich zu beruhigen. Wie alle anderen Besucher strebe ich währenddessen auf kürzestem Weg dem Ausgang zu und hoffe, nachher auf dem Parkplatz nicht ewig im Stau zu stehen, was bei dieser Hitze nun wirklich kein Vergnügen wäre. Aus den Lautsprechern ertönt derweil wieder dasselbe Lied wie vorhin: *„FC Bayern – forever number one ...“*

Ich kämpfe mich durch die träge Masse aus italienischen Jugendlichen, österreichischen Motorradclubs und deutschen Urlauberfamilien, um möglichst vor allen anderen bei meinem Auto zu sein – doch plötzlich geht es nicht mehr weiter.

Die Menge ist zum Stillstand gekommen, weil der riesige, schwarz-rot lackierte und zum Schutz vor neugierigen Blicken mit tiefdunkel getönten Scheiben ausgerüstete Mannschaftsbus den Weg blockiert. Wir müssen warten, bis jeder Spieler und auch der letzte Betreuer eingestiegen ist. Diejenigen unter den Fans, die darauf gehofft haben, bei dieser Gelegenheit ihre Stars aus der Nähe sehen und sich vielleicht sogar ein Autogramm sichern zu können, werden enttäuscht: Ein schnell errichteter, blickdichter Bauzaun schirmt die begehrten Sportler auf dem kurzen Weg in ihr Gefährt von der Menge ab.

Als ich etwas später schweißgebadet in meinem Wagen sitze und auf der Gardesana in Richtung Süden fahre, grüble ich ergebnislos darüber nach, wie ich aus dem soeben Erlebten einen interessanten Artikel basteln könnte. Irgendwann fällt mir ein, dass ich im Kofferraum ein Handtuch und meine Badesachen verstaut habe. Ich fahre rechts ran, ziehe mich schnell im Auto um, laufe die paar Meter zum Ufer, mache einige vorsichtige Schritte ins Wasser und lasse mich dann in die glasklaren Fluten fallen. Zuerst wirkt der Temperaturunterschied wie ein Schock, doch nach wenigen Sekunden genieße ich die wohltuende Kühle, mit der mich der See umschmeichelt. Ich tauche noch einmal unter, öffne die Augen, erkenne wie durch einen grünen Schleier den felsigen Boden, einige Fische, die hölzernen Pfähle eines Stegs. Ich höre das leise Rauschen einer fernen Schiffsschraube und das Knirschen der kleinen Steine, die von den Wellen hin- und hergeworfen werden. Ich bin in einer anderen Welt.

Es bedeutet mir mehr, als ich zunächst angenommen hätte, dass ich einige Tage später den *codice fiscale* in Händen halte, den Giampaolo als mein neuer Kurzzeit-Arbeitgeber bei der *Agenzia delle Entrate* der Provinz Verona für mich beantragt hat. Vielleicht liegt es daran, dass man diese Steuernummer in Italien für so ziemlich alles braucht, was über einen Aufenthalt als Tourist hinausgeht – sei es eine Kontoeröffnung, den Erwerb einer Immobilie oder auch nur einer Waschmaschine – oder eben die Unterschrift unter einen Arbeitsvertrag. Dadurch, dass der italienische Staat meinem Namen diese Kombination aus Zahlen und Buchstaben zugeordnet hat, gehöre ich jetzt also irgendwie mehr dazu als vorher. So fühlt es sich jedenfalls an. Mit dem *codice* habe ich schwarz auf weiß, dass ich nicht nur zu Besuch hier bin.

„Freu dich nicht zu früh!“ Rita stößt ein bitteres Lachen aus, als ich ihr am nächsten Morgen hinter dem Tresen von Gipis Bar von meinen erhebenden Gefühlen berichte. „Jetzt befindest du dich endgültig in den Fängen unserer *burocrazia*. Und wen die einmal erwischt hat, den lässt sie so schnell nicht mehr los.“

Anfangs bin ich immer vormittags in der Bar, weil dann noch etwas weniger los ist, sodass Giampaolo, Rita oder Luciano mir zwischendurch immer wieder neue Handgriffe erklären können. Ansonsten beschränke ich mich zunächst darauf, die Beträge in die Registrierkasse einzutippen, die mir zugerufen werden, das Geld zu kassieren und den Gästen den *scontrino* auszuhändigen.

Außerdem wird mir während meiner Schicht die Aufsicht über die Spülmaschine übertragen. Diese Aufgabe stellt sich schnell als komplizierter heraus, als sie sich zunächst anhört.

„Das verfluchte Ding wechselt seit ein paar Wochen immer wieder ohne Grund das Programm oder schaltet sich einfach frühzeitig ab“, schimpft Luciano, als er mich mit den Tücken dieses Geräts vertraut macht. „Und wir stehen dann plötzlich ohne saubere Gläser da! Wir werden wohl auf jeden Fall eine neue *lavastoviglie* brauchen – aber diese Saison muss sie noch durchhalten …“

Bald bekomme ich dann auch gezeigt, wie die riesige, verchromte Espressomaschine funktioniert. Es dauert allerdings noch ein bisschen, bis Giampaolo darauf verzichtet, mich bei jedem einzelnen *caffè*, den ich zubereite, mit Argusaugen zu beobachten und hin und wieder korrigierend einzugreifen. Erst als mir die richtige Dosierung von Mahlgrad, Wasserdruck und Pulvermenge in Fleisch und Blut übergegangen ist und mich auch die Bestellung eines *cappuccino, caffè lungo, caffè ristretto* oder *caffè corretto* nicht mehr ins Schwitzen bringt, fühlt er sich sicher genug, mir die Frühstücksgäste am Tresen allein zu überlassen.

Im Juli gehört Lazise – neben den Norddeutschen, bei denen die Sommerferien schon angefangen haben – hauptsächlich den Niederländern, Dänen und Belgiern. Dazu kommen hier und da ein paar vereinzelte Engländer oder Franzosen, Schweden oder Schweizer. Die Italiener sind jetzt eindeutig in der Minderheit. Ab dem späteren Vormittag sind in der Bar meine inzwischen ziemlich gefestigten Kenntnisse der Landessprache demnach kaum noch gefragt – mit den Gästen kommuniziere ich dann größtenteils auf Deutsch oder Englisch.

Die zwölf Tische im Freien sind jetzt fast immer voll besetzt. Sobald eine Gruppe von ihren Plätzen aufsteht, finden sich unter den vorbeiflanierenden Touristen unverzüglich neue Gäste, die die leeren Stühle in Beschlag nehmen. Bestellt werden überwiegend eisgekühlte Mischgetränke mit Prosecco: Aperol Spritz, Chiarè, Hugo, Bellini und so weiter.

Anfangs halte ich es für unmöglich, mir die einzelnen Bestandteile all dieser *aperitivi* irgendwann merken zu können, von denen einige erst seit ein paar Saisons „in“ sind und wohl bald wieder von der Bildfläche verschwinden werden, während sich andere bereits seit Jahrzehnten ungebrochen behaupten. Doch als ich nach zwei Wochen auch einmal turbulentere Nachmittags- und Abendschichten übernehme, dauert es nicht lange, bis ich, wenn Luciano von draußen hereinstürmt und „Acht Aperol, zweimal Blue Spritz, zweimal *vino bianco*!“ ruft, sofort zwölf passende Gläser bereitstelle, bevor ich Rita routiniert die Flaschen mit den nötigen Zutaten in der richtigen Reihenfolge reiche.

„... Du fehlst mir wirklich sehr. Egal, ob ich gerade an der Uni bin und mich auf das Seminar vorbereite oder ob ich am

Abend zu Hause vor dem Fernseher sitze – in Gedanken bin ich bei dir und frage mich, wie es dir geht, was du wohl gerade tust, ob du glücklich bist. Deine Mutter hat mir erzählt, wie sie dich am Gardasee erlebt hat. Dein Optimismus und deine Tatkraft haben sie überrascht. Ich glaube, sie ist sehr stolz auf dich!

Ich frage mich seit einiger Zeit, ob ich nicht einen Fehler gemacht habe, als ich dich allein habe wegfahren lassen. Vielleicht habe ich unterschätzt, was Italien für dich bedeutet. Vielleicht hätte ich mir ernsthafter darüber Gedanken machen sollen, wie wir unsere Pläne in Einklang bringen können. Sicher ist jedenfalls, dass ich dich auf keinen Fall verlieren will.

Wenn es dir recht ist, würde ich gern im Herbst für ein paar Wochen zu dir an den Gardasee kommen. Zur Vorbereitung habe ich übrigens bei den Philologen den Kurs ‚Italienisch für Anfänger' belegt. Der wird außer mir nur von Erst- und Zweitsemestern besucht, die sich von meinen Bemühungen bestens unterhalten fühlen.

Schreib' mir bitte, ob und wann ich kommen darf. Ich vermisse dich, *ti amo*, dein Florian".

Ich schließe das E-Mail-Programm und atme tief durch. Was ist los mit mir? Freue ich mich? Zuletzt hatte ich mit Florian einige gute Gespräche am Telefon und danach habe ich mir oft gewünscht, dass er jetzt hier wäre.

Und nun? Finde ich es gut, dass er tatsächlich kommen will? Dass er sogar Italienisch lernt? Und wenn ja, warum habe ich dann auf einmal so ein flaues Gefühl in der Magengegend?

Ich klappe den Laptop zu. Meine Pause ist vorbei, ich muss mich wieder um die Gäste kümmern.

Nicht nur in der Bar herrscht Hochbetrieb, in ganz Lazise und überall am Gardasee ist jetzt endgültig die Hauptsaison angebrochen. Wenn ich von meinem Platz hinter dem Tresen nach draußen blicke, sehe ich auf der Uferpromenade einen stetigen, nie abreißenden Strom von meist ziemlich großgewachsenen, blonden, oft etwas seltsam gekleideten Menschen, deren Haut entweder schneeweiß in der Sonne leuchtet – ein untrügliches Zeichen dafür, dass sie erst vor Kurzem angekommen sind – oder sich bereits schmerzhaft rot verfärbt hat.

Mittwochs habe ich Mühe, überhaupt an meinen Arbeitsplatz zu kommen. Dann ist in Lazise Markt, und im ganzen *centro storico* sind Stände aufgebaut, an denen vor allem Handtaschen, Schuhe und Kleidung aller Art zu vergleichsweise günstigen Preisen angeboten werden. Nur auf einer winzigen *piazzetta* am Rande des Geschehens werden noch Obst und Gemüse, Käse und frischer Fisch verkauft – wohl ein Relikt aus früheren Zeiten, als noch Einheimische auf diesen Wochenmarkt gingen.

Was ich mittwochs als Super-Sonderangebot am Stand eines fliegenden Textilhändlers mit fernöstlichem Migrationshintergrund gesehen habe, kleidet ab Donnerstag reihenweise die Touristinnen im Ort. Leider übersehen diese in der Schnäppchen-Euphorie allzu oft, dass sie keine zwanzig mehr sind und weder die Figur noch die Kleidergröße haben, für die das halb durchsichtige blütenweiße Sommerkleidchen mit den Spaghettiträgern entworfen wurde.

Was auch immer die Urlauber gerade vorhaben, meist lautet die Devise erst einmal: Hinten anstellen! Das gilt an der Tourist-Info ebenso wie an der *biglietteria* für die Fähren oder – vor allem ab dem frühen Abend – vor den zahlreichen *trattorie, pizzerie* und *ristoranti* des Ortes.

Vor der *gelateria* direkt neben Gipis Bar stehen die Kunden schon vormittags Schlange, und der stetige Zustrom reißt hier bis spät in die Nacht nicht ab. Bald habe ich höchsten Respekt vor den Verkäuferinnen, die ich Tag für Tag dabei beobachte, wie sie sich um ihre internationale Kundschaft kümmern, die ihre Bestellungen oftmals wie selbstverständlich in der jeweiligen Landessprache vornimmt. Während die jungen Frauen mit *coppette* und *coni* jonglieren, Unentschlossenen bestimmte Geschmacksrichtungen empfehlen und den Kindern augenzwinkernd noch eine herzförmige Extrawaffel spendieren, scheinen sie immer gut gelaunt und verlieren nie ihr sympathisches Lächeln.

Als ich eines Tages Denise, die Schichtleiterin der Eisdiele, auf einer im Schatten versteckten Bank hinter Gipis Bar antreffe, wo sie ihre Mittagspause verbringt, spreche ich sie auf die mir beinahe übermenschlich erscheinende Geduld und Freundlichkeit ihrer Kolleginnen an.

„Ja, wir haben wirklich Glück, was unsere Angestellten betrifft", antwortet sie, wobei ich den singenden Akzent heraushöre, den ich bereits von Luis kenne. „Das liegt hauptsächlich daran, dass bei uns fast nur Brasilianerinnen beschäftigt sind. Der Chef hat es in einer Filiale einmal mit Italienerinnen probiert. Die sind am ersten Tag in schicken High Heels aufgetaucht, in denen man keine Stunde schmerzfrei stehen kann. Und spätestens nach einer Woche hatten sie permanent schlechte Laune. Das geht in diesem Geschäft aber nicht. Du musst freundlich sein, du musst lächeln – für die Kunden und für dich selbst. Sonst stehst du das keine ganze Saison lang durch."

Ich nehme mir vor, an die unerschütterlichen Eisverkäuferinnen zu denken, wenn es in der Bar mal wieder hoch hergeht.

Noch bevor ich endgültig entschieden habe, ob ich Alessandros Einladung zur Hochzeit seiner Cousine annehme, löst Francesca mein Outfit-Problem.

„Meine Schwester Chiara dürfte in etwa deine Größe haben. Sie hat bestimmt nichts dagegen, wenn du mal ein paar Kleider von ihr probieren möchtest."

Bald darauf besuchen wir Chiara, die mit ihrer Familie in Peschiera lebt, und verbringen einen Nachmittag mit einer improvisierten Modenschau, bei der auch Francescas Neffe Nicola anwesend ist und sich keineswegs mit kritischen Kommentaren zurückhält. Am Ende sind wir einstimmig der Meinung, dass ich mit einem türkisfarbenen Empire-Kleid für den großen Tag perfekt ausgestattet bin.

Die Tatsache, dass sich die Kleiderfrage so unverhofft in Luft aufgelöst hat, nehme ich als Zeichen dafür, dass ich auf jeden Fall auf diese Hochzeit gehen sollte. Außerdem bin ich neugierig auf die einmalige Gelegenheit, ein echtes italienisches *matrimonio* zu erleben. Also sage ich Alessandro zu und sichere mir dann für den betreffenden Samstagmorgen sofort einen Termin beim Damenfriseur an der *piazzetta* vor der Kirche.

Der Salon wird von einem Geschwisterpaar betrieben, das im Partnerlook auftritt: dunkelgrünes T-Shirt zu schwarzer Hose. Paola, eine quirlige Endvierzigerin mit Reibeisenstimme und wallender Lockenpracht, schlägt vor, dass ich die Haare zu meinem schulterfreien Kleid offen tragen sollte. Ihr Bruder Giorgio, hochgewachsen und schlank, mit einer blankpolierten Glatze, die seine feinen Gesichtszüge noch mehr zur Geltung bringt, rät mir dagegen unbedingt zu einer modischen Hochsteckfrisur. Bald diskutieren auch die anderen Kundinnen mit, der ganze Salon analysiert das Potenzial meiner Haare und erörtert das Für und Wider der unterschiedlichsten Frisurenvarianten. Ich sitze mittendrin und verstehe nur die Hälfte, beginne dafür jedoch langsam zu begreifen, wie kompliziert es sein kann, auf einer italienischen Hochzeitsfeier *bella figura* zu machen.

Schließlich nimmt mich Giorgio unter seine Fittiche, während sich Paola wieder den Strähnchen der Dame neben mir widmet.

„Mach, was du willst", sage ich zu ihm. *„Mi fido di te* – ich vertraue dir."

Und schon legt er los: Er kämmt, föhnt und modelliert mit größter Hingabe – und als er so richtig in Fahrt ist, beginnt er nebenbei lautstark Opernarien zu schmettern. Ich bin überrascht von der Gesangseinlage und vom offensichtlichen musikalischen Talent des Friseurs. Die anderen Kundinnen scheinen daran bereits gewöhnt zu sein, jedenfalls lassen sie sich nicht bei ihren Gesprächen stören. Am Ende hat mir Giorgio eine meisterhafte Hochsteckfrisur gezaubert.

„Grazie mille, Giorgio! Unglaublich, was du aus meinen Haaren gemacht hast – du bist ein echter Künstler!"

Jetzt schnell nach Hause, umziehen, schminken – und dann kann's losgehen.

Schon kurz nach meiner Ankunft auf dem Weingut – Alessandro hat zwar angeboten mich abzuholen, doch ich habe es vorgezogen, selbst ins Valpolicella zu fahren – stelle ich fest, dass der Aufwand für mein Kleid und meine Frisur keineswegs übertrieben war.

Die schon beinahe vollständig vor der Kapelle versammelte Hochzeitsgesellschaft besteht größtenteils aus wohlsituierten Damen und Herren, was man nicht nur an den edlen Kleidern und Anzügen, sondern auch an den perlen- und brilliantbesetzten Schmuckstücken aus hochkarätigem Gold oder Silber erkennt, die die Finger, Handgelenke und Dekolletés der weiblichen Gäste zieren. Auch die anwesenden *bambini* sind dem Anlass angemessen herausgeputzt: Die Mädchen tragen Kreationen aus Seide und Tüll, und zum ersten Mal in meinem Leben sehe ich siebenjährige Jungs im Maßanzug mit feinen Lederschühchen und Krawatte.

Alessandro begrüßt mich freudig und stellt mich seinen beiden Schwestern vor. Dann wird die Ankunft der Braut angekündigt, und man bittet uns, zügig in die Kapelle zu gehen.

Der sichtlich nervöse Bräutigam, der vor dem Altar auf seine zukünftige Frau wartet, ist ein etwas untersetzter Mann um die dreißig mit wachen, freundlichen Augen, dessen Haar sich bereits deutlich lichtet.

„Er arbeitet in einem großen Veroneser Handelsunternehmen", raunt mir Alessandro zu.

Dann erscheint unter dem ehrfürchtigen Raunen und Flüstern der Gäste die Braut. In einem bodenlangen Kleid aus cremefarbenem Satin schreitet sie am Arm ihres stolzen Vaters den Mittelgang entlang.

Die Zeremonie, die jetzt folgt, unterscheidet sich kaum von dem, was ich aus Deutschland kenne. Alles scheint auf höchstem Niveau vorbereitet. Die Kirchenlieder werden von einer professionellen Sängerin dargeboten, und nachdem das Brautpaar und die Trauzeugen schließlich am Altar ihre Unterschriften unter sämtliche Dokumente gesetzt haben – der Priester darf in Italien auch die standesamtlichen Aufgaben übernehmen –, werden die Gäste draußen von den Klängen eines Streichquartetts empfangen, wobei lächelnde Cateringservice-Mitarbeiter eisgekühlten Prosecco anbieten.

Währenddessen verteilen die Kinder kleine, bestickte Säckchen, die die Reiskörner enthalten, mit denen Braut und Bräutigam traditionell beworfen werden, sobald sie aus der Kirche kommen. Danach folgen die obligatorischen Glückwünsche, bevor es schließlich zur Feier in den prunkvollen Speisesaal geht.

Auf den festlich gedeckten Tischen liegen an jedem Platz die Gastgeschenke bereit: Zum einen die sogenannten *„bomboniere"*, in diesem Fall Silbertellerchen, auf denen das Hochzeitsdatum eingraviert ist, und zum anderen wieder ein kleines Säckchen aus Samt. Was sich wohl darin befindet? Sollen wir das Brautpaar nochmal bewerfen? Alessandro, der gerade seinen Platz neben mir einnimmt, bemerkt, dass ich den kleinen Beutel neugierig beäuge.

„*I confetti*. Die bringen Glück", erklärt er mir.

Die Vorstellung, dass im edlen Ambiente dieses Saales gleich jeder mit schnödem Konfetti um sich werfen wird, erscheint mir dann doch etwas befremdlich. Ich löse die kunstvolle Schleife, öffne mein Säckchen und sehe eine kleine Handvoll mit Zuckerglasur überzogener Mandeln. Jetzt fällt mir auch wieder ein, dass ich von dem Brauch, diese Süßigkeiten zu bestimmten Festen zu verschenken, bereits gelesen habe.

Etwa sechs Stunden später, nachdem die Hochzeitstorte angeschnitten und verteilt ist, spüre ich, dass mir alles zu viel wird.

Einiges, das ich von deutschen Hochzeiten kenne, gab es heute nicht: keine Reden, keinen Tanz – darauf hatte ich mich eigentlich gefreut – und auch keine langweiligen Spielchen. Dafür wurde umso ausgiebiger gegessen: zwölf Gänge, natürlich mit einem jeweils dazu passenden, hauseigenen Wein der Spitzenklasse. Die Speisen schmeckten zwar allesamt hervorragend, doch ich war bereits nach dem vierten Gang mehr als gesättigt und ab dem sechsten kaum noch fähig, zumindest anstandshalber zu probieren, was mir da von den flinken Kellnern vorgesetzt wurde.

Doch das viele Essen ist nicht alles, was mir zunehmend im Magen liegt. Während der stundenlangen Schlemmerei wurde natürlich ausgiebig geredet. An unserem Tisch befinden sich Alessandros Schwestern mit ihren jeweiligen Partnern sowie seine Eltern. Alle haben sich mir gegenüber sehr freundlich, offen und interessiert gegeben und mir viele Fragen gestellt. Dabei ist mir mehr und mehr klar geworden, dass ich hier in einer Rolle wahrgenommen werde, in der ich mich nicht sehe. Sie scheinen mich als Alessandros feste Freundin zu betrachten, als seine *fidanzata* und somit ernsthafte Kandidatin für die zukünftige Schwiegertochter oder

Schwägerin – und mein Tischnachbar tut nichts, um diesem Eindruck entgegenzuwirken. Im Gegenteil: Mit seiner ungeteilten Aufmerksamkeit und vielen kleinen, zutraulichen Gesten macht es mir Alessandro schwer, weiter zu verdrängen, worauf unsere regelmäßigen zwanglosen Treffen schließlich hinauslaufen sollen.

Ich fühle mich geschmeichelt, das kann ich nicht leugnen – doch viel deutlicher spüre ich, dass da gerade etwas in die falsche Richtung zu laufen droht. Ich sehe mich selbst da sitzen, mit meiner Hochsteckfrisur in einem geliehenen Kleid, umgeben von Menschen, die ich nicht wirklich kenne und verstehe, auch wenn ich ihre Sprache ganz passabel spreche. Meine Eingeweide rebellieren gegen ein Übermaß an erlesenen Speisen und zu viele sündhaft teure Weine. Vor meinem inneren Auge erscheint Florian, der zu Hause auf der Couch sitzt und italienische Vokabeln lernt. Ich fühle mich schlecht.

Es ist Zeit zu gehen – doch vorher muss ich noch etwas erledigen. Ich bitte Alessandro nach draußen und kläre ihn über meinen Gemütszustand auf. Ich danke ihm noch einmal für die Einladung und für alles, was er bisher für mich getan hat, gebe ihm aber deutlich zu verstehen, dass ich zu Hause einen *fidanzato*, also einen Verlobten habe und dass er sich nicht mehr von mir erhoffen kann als eine freundschaftliche Beziehung.

Alessandro reagiert gefasst, doch in seinem Blick liegt plötzlich eine Traurigkeit, die mir einen Stich versetzt. Als ich kurz darauf im Auto sitze und wieder nach Lazise fahre, fühle ich mich keineswegs besser.

„Es war unfair von mir, ihm das ausgerechnet auf der Hochzeit zu sagen. Ich hätte einen anderen Zeitpunkt wählen oder – noch besser – ihm schon viel früher von Florian erzählen sollen."

Es ist die Nacht des 30. Juli, morgen ziehe ich in die *residence*, in der ich dann einen Monat lang wohnen werde. Ich stehe mit Francesca in der dicht gedrängten Menschenmenge am alten Hafen von Lazise, wo heute Nacht die Finalrennen des „Palio delle Bisse", der traditionellen jährlichen Ruderregatta, stattfinden. Zum Auftakt gab es eine Parade in historischen venezianischen Kostümen zur Erinnerung daran, dass das erste Rennen dieser Art im 16. Jahrhundert zu Ehren des Statthalters von Venedig in Salò stattgefunden haben soll. Nach den Reden einiger Honoratioren folgte dann die Segnung der Boote und die der Mannschaften durch den Ortspfarrer, und seit Sonnenuntergang kämpfen nun die vierzehn Teams aus den Ortschaften am südlichen Gardasee um die „Bandiera del Lago". Gerudert wird im Stehen, wobei die schmalen, flachen Boote eine schlingernde Bewegung machen, die dem Wettkampf den Namen gegeben hat: *„Biscia"* heißt auf Deutsch „Natter".

Noch immer denke ich über meinen Abgang von der Hochzeitsfeier nach. Ich habe Alessandro gleich am nächsten Tag geschrieben, doch bis auf eine knappe und nüchterne SMS habe ich nichts mehr von ihm gehört.

„Du hast das genau richtig gemacht, Giulia. Alessandro wird's schon überleben", stellt Francesca trocken fest, während die Boote unter dem Jubel der Zuschauer im Scheinwerferlicht an der Uferpromenade vorbeiziehen. Und dann fügt sie noch eines der Sprichwörter hinzu, die sie für jede Gelegenheit parat hat:

„Dalle pene d'amore si tribola, ma non si muore! Liebeskummer ist schmerzhaft, hat aber noch niemanden umgebracht."

Agosto

Die residence liegt unweit des centro storico, nur ein paar Minuten zu Fuß von der Stadtmauer entfernt. Sie besteht aus mehreren zweistöckigen Gebäuden innerhalb einer gepflegten Grünanlage mit *piscina*, die durch eine hohe, dichte Hecke begrenzt wird. So bildet sie einen eigenen kleinen Kosmos mitten im hochsommerlich-turbulenten Lazise, wobei es in der Anlage um diese Jahreszeit kaum ruhiger zugeht als außerhalb.

Viele der insgesamt zwanzig Wohnungen werden während der Saison wochenweise an Feriengäste vermietet, vor allem diejenigen, deren Eigentümer Deutsche sind. Die übrigen *appartamenti* dienen in der Sommerzeit den italienischen Besitzern, die in Brescia, Verona, Vicenza oder Treviso leben, als Wochenenddomizil, um den heißen und stickigen Städten zumindest für ein paar Tage entfliehen und sich regelmäßig am Pool erfrischen zu können.

Tatsächlich bekommt die *piscina* in diesem August eine beinahe überlebenswichtige Funktion. Die konstant sommerlichen Temperaturen, die im Juli noch in erster Linie für zufriedene Gäste und gute Stimmung gesorgt haben, steigen unaufhörlich weiter an und wandeln sich inzwischen zu einer veritablen Hitzewelle, einer *onda di caldo*, unter der sogar die sonnenhungrigsten Touristen aus Nord- und Mitteleuropa zu stöhnen beginnen.

Am See, wo ich mich in den vergangenen Wochen vor oder nach meinen Schichten in der Bar gern erfrischt habe, findet man jetzt schon früh am Morgen kaum noch ein freies Plätzchen. Tagsüber schleppen sich die Leute im Ort durch die in der prallen Sonne flirrende Atmosphäre von einer schattigen Ecke in die nächste, und die wenigen Geschäfte, die über eine funktionierende Klimaanlage verfügen, werden zu stets überfüllten, wunderbar kühlen Rettungsinseln inmitten eines Ozeans aus drückend heißer Luft.

In der *residence* gibt es keine Klimaanlagen. Trotzdem fühle ich mich in der zweckmäßig eingerichteten Wohnung im Obergeschoss, die für diesen Monat mein Zuhause sein wird, gut aufgehoben. Drei Zimmer und ein Balkon nur für mich allein – das ist nach einem halben Jahr in der Wohngemeinschaft eine sehr willkommene Abwechslung.

Leider kann ich diesen Luxus nur selten ausgiebig genießen, schließlich arbeite ich jetzt fast jeden Tag in der Bar. Dort sitzt Luciano – wenn er nicht gerade Bestellungen aufnimmt, Tische abräumt oder Getränkenachschub aus dem Vorratslager holt – apathisch auf einem Hocker, über dem sich langsam, aber stetig ein riesiger Deckenventilator dreht. Hin und wieder zieht er ein Taschentuch hervor, tupft sich den Schweiß von der Stirn und murmelt: *„Un caldo da morire!“*

Dem kann ich nur zustimmen: Die Hitze ist unerträglich. Sobald meine Schicht beendet ist, habe auch ich erstmal nichts anderes im Sinn als eine Abkühlung im Pool und danach den Rückzug in meine vier Wände. Endlich Ruhe! Ich genieße es, eine Zeitlang niemanden sehen und keine Gespräche führen zu müssen.

Wirklich einsam fühle ich mich allerdings auch in der Anlage nie. Die Wände sind dünn. Das macht sich bei den verschiedensten Gelegenheiten bemerkbar – etwa samstags, am Tag des „Bettenwechsels“, wenn von früh bis spät Möbel gerückt und Staubsauger geschwungen werden, Rollkoffer über Bodenplatten rattern und Eltern ihre verzweifelt plärrenden Kinder vom Pool ins abfahrbereite Auto verfrachten. Oder wenn alle zwei Wochen im Morgengrauen die Angestellten einer Gartenbaufirma mit Rasentrimmer und motorbetriebener Heckenschere anrücken und jeden Langschläfer in der *residence* aus dem Land der Träume zurück in die raue Wirklichkeit holen. Und sobald ich mich dann, schlaftrunken und noch etwas unsicher auf den Beinen, mit meiner Tasse Tee auf den Balkon begebe, winkt mir meist schon der bestens gelaunte Rentner aus der Oberpfalz zu, der zusammen mit seiner Frau die Nachbarwohnung gemietet hat und sich hier draußen beim Frühstück anhand einer Boulevardzeitung mit vier großen Buchstaben mit Neuigkeiten aus der Heimat versorgt.

Außerdem ist da noch Greta. Die etwa 65-jährige gebürtige Mittelfränkin hat sich vor Jahrzehnten in einen Italiener verliebt und lebt seitdem am Gardasee. Für die deutschen Wohnungsbesitzer und deren Feriengäste ist sie eine Art „Mädchen für alles": Sie sorgt dafür, dass die Wohnungen beim Mieterwechsel in Ordnung sind, holt im Notfall den Klempner oder den Elektriker und ist auch sonst immer mit Rat und Tat zur Stelle. Nach wenigen Tagen ist es für mich zur Selbstverständlichkeit geworden, ihr fröhliches „Guten Morgen!" durch die Anlage schallen zu hören, und oft plaudern wir kurz miteinander, wenn ich ihr auf dem Weg zur Frühschicht in der Bar begegne.

Inzwischen sind viele Bayern am Gardasee eingetroffen, vor allem Familien mit Kindern – es ist deutlich spürbar, dass in Süddeutschland die Sommerferien begonnen haben. Im Stau auf der Gardesana und auf den Parkplätzen der Supermärkte stehen reihenweise Autos mit Rosenheimer Kennzeichen, in der Bar und vor der Eisdiele höre ich immer wieder den vertrauten oberbayerischen Dialekt. Obwohl ich meinen Landsleuten nicht verdenken kann, dass sie die Schönheit des Gardasees ebenso genießen wollen wie ich, spüre ich jedes Mal, wie Trotz und Groll in mir aufsteigen. Muss ich jetzt etwa dauernd damit rechnen, im *alimentari* und an der Uferpromenade meinen Nachbarn aus Rosenheim oder meiner ehemaligen Klassenlehrerin zu begegnen? Sitzt dort in der Bar nicht eine Nachhilfeschülerin von mir? Das ist ungerecht! Der Gardasee war doch *mein* Fluchtpunkt, *mein* Reservat. Ihr könnt doch nicht alle herkommen und Lazise kurzerhand zu einem Vorort von Rosenheim machen!

Auch in der *residence* werde ich nicht verschont: Gleich bei meiner Ankunft habe ich auf dem Parkplatz vor der Anlage einen dunkelblauen Volvo ausgemacht – natürlich mit Rosenheimer Kennzeichen. Ich habe beschlossen, den Besitzern möglichst nicht zu begegnen – und bisher ist mir das auch gelungen.

An einem Sonntag Anfang August habe ich frei – und ich verspüre das dringende Bedürfnis, an diesem Tag für ein paar Stunden Abstand von Lazise zu gewinnen. Außerdem würde ich mich gern einmal wieder richtig abkühlen, was inzwischen im Pool, dessen Wassertemperatur sich mit jedem Tag mehr in Richtung „lauwarm" bewegt, ebenso wenig funktioniert wie im See, der an den flachen Ufern im Süden keine echte Erfrischung mehr bietet.

Auf der Gardesana nach Norden zu fahren, wo der *lago* tiefer und kühler ist, wäre allerdings ein hoffnungsloses Unterfangen. Bei dem Stau, den die Autos der Urlauber Tag und Nacht auf der beliebten Uferstraße bilden, würde es Stunden dauern, bis ich die Gegend um Malcesine erreicht hätte. Und wer garantiert mir, dass ich dann überhaupt noch einen Platz an einem der schmalen Strände finde, die sich dort oben zwischen Steilhang und See zwängen?

Nein, da habe ich für meinen Sonntagsausflug ein vielversprechenderes Ziel im Auge: den *Lago di Tenno*! Bei diesem kleinen Bergsee, der beinahe 500 Meter höher liegt als der *Lago di Garda*, soll es sich um ein naturbelassenes Kleinod handeln, gespeist von stets kühlen, kristallklaren Gebirgsbächen. Genau das, was ich suche!

Ich fahre auf der Autobahn Richtung Norden, lasse Riva hinter mir und folge einer Serpentinenstraße ins Gebirge. Schließlich muss ich das Auto auf einem großen Parkplatz abstellen. Von hier aus geht es zu Fuß über einen ziemlich steil abfallenden Pfad hinunter zum *Lago di Tenno*, der bereits nach hundert Metern in verlockendem Azurblau zwischen den Bäumen hervorleuchtet. Außer mir sind nur wenige andere Badegäste zu sehen, und bei diesen handelt es sich, soweit ich das auf den ersten Blick erkennen kann, ausschließlich um Italiener.

Die nächsten Stunden fühlen sich an wie Urlaub: Im Schatten eines Baumes liege ich auf meinem Handtuch und staune über die paradiesische Szenerie, die sich vor mir ausbreitet: das strahlende, ungetrübte Blau des Himmels, das sich im Wasser dieses zauberhaften kleinen Sees spiegelt – und dazwischen ausschließlich satter, dunkelgrüner Bergwald. Meine meditativen Betrachtungen unterbreche ich nur, wenn ich wieder die Zeit für ein erfrischendes Bad gekommen sehe. Am frühen Abend packe ich schweren Herzens meine Sachen und mache mich auf den etwas beschwerlichen Weg zum Parkplatz.

In Gedanken bin ich bereits wieder in Lazise, als ich mich anschnalle und den Zündschlüssel herumdrehe. Doch anstelle des vertrauten Motorengeräusches ertönt nur ein leises Gurgeln. Ich versuche es erneut, und diesmal erstirbt das Gurgeln nach wenigen Sekunden mit einem müden Seufzer. Nur ein kleines Lämpchen am Armaturenbrett flackert noch mit letzter Kraft. Ich bin ratlos. Habe ich etwa das Licht brennen oder das Radio laufen lassen? Nein, nichts dergleichen. Mein Wagen, der mich noch nie im Stich gelassen hat, springt einfach so nicht mehr an – und das auf einem Parkplatz in den Bergen, weit weg von jeder Werkstatt oder Tankstelle!

Siedend heiß fällt mir ein, dass heute auch noch Sonntag ist – selbst wenn ich es irgendwie zu einer Werkstatt schaffe, hat die bestimmt nicht geöffnet. Was tun? Wie bekomme ich mich und mein Auto von hier weg? Ich steige aus und sehe mich verzweifelt um. Gerade kommt ein Ehepaar den Weg vom See herauf. Ich spreche die beiden an und erkläre mein Problem.

„*Vediamo*. Lassen Sie mich mal sehen."

Der Herr inspiziert fachmännisch das Fahrzeug, setzt sich hinters Steuer und probiert ebenfalls zu starten. Sein Urteil ist klar:

„La batteria è vuota."

Er fragt, ob ich ein Anlasserkabel dabei habe, was leider nicht der Fall ist. Inzwischen haben sich noch mehr Leute am Parkplatz versammelt, und sobald sie sehen, dass ich ein Problem habe, fragen sie, ob sie helfen können. Niemand steigt einfach in sein Auto und fährt davon, wie ich es von vergleichbaren Situationen in Deutschland kenne. Stattdessen wird mit einem Eifer diskutiert, als wären wir *alle* mit meinem Wagen gekommen. Ein Mann ruft sogar seinen Bruder an, um ihn zu fragen, ob er ein Anlasserkabel in der Garage hat, das man holen könnte. Leider vergeblich.

Schließlich setzt sich ein älterer Herr kurz entschlossen hinters Steuer und fordert uns alle auf, kräftig anzuschieben. Das tun wir, und während mein Auto immer schneller den Berg hinabrollt, höre ich, wie der Mann heftig mit der Kupplung hantiert. Plötzlich beginnt der Motor zu stottern, der Wagen macht einen kleinen Sprung – und dann läuft er wieder, als wäre nichts gewesen.

„Der Motor darf jetzt auf keinen Fall mehr ausgehen, darauf müssen Sie achten!", ermahnt mich der tatkräftige Herr, als er mir das Steuer überlässt. „Wenn Sie zu Hause sind, brauchen Sie ein Anlasserkabel, damit Sie in eine *officina* fahren können."

Ich bin unendlich erleichtert. Bevor ich losfahre, bedanke ich mich noch mehrmals bei meinen vielen Helfern, und auf dem ganzen Weg nach Lazise geht mir immer wieder durch den Kopf, wie glücklich man sich schätzen kann, wenn man in der Not nicht allein gelassen wird. Könnte diese Gewissheit vielleicht ein Grund für den in Italien so weit verbreiteten Optimismus sein – und für die bewundernswerte Gelassenheit, die ich an den Italienern so mag?

Auf dem Parkplatz vor der *residence* stelle ich schließlich den Motor wieder ab. Sicherheitshalber probiere ich dann noch einmal, ob sich die Batterie nicht vielleicht doch unterwegs erholt hat. Mehr als ein kurzes Stottern lässt der Motor allerdings auch jetzt nicht hören.

„Probleme mit der Batterie?"

Ich bin kaum ausgestiegen, da spricht mich ein freundlich dreinblickender, etwa 45-jähriger Deutscher an, der mich sofort an Billy Cristal aus dem Filmklassiker „Harry und Sally" erinnert. Ich erzähle ihm von meiner Panne und dass ich morgen unbedingt in eine Werkstatt fahren muss.

„Ich habe ein Starterkabel im Auto. Klingeln Sie doch einfach morgen früh bei Mickal, Wohnung Nummer 18. Dann bringen wir den Kleinen hier zum Laufen."

Na also, man findet auch unter meinen Landsleuten spontane Hilfsbereitschaft! Vielleicht sollte ich meine Vorurteile in dieser Hinsicht noch einmal überdenken? Ich nehme das Angebot von Herrn Mickal dankend an, und wir verabschieden uns, woraufhin er in seinen Wagen steigt. Es ist der dunkelblaue Volvo mit dem Rosenheimer Kennzeichen.

Am nächsten Morgen starten wir mein Auto wie verabredet, wobei ich erfahre, dass ich mit Herrn Mickal sogar auf einen echten Fachmann gestoßen bin: Er arbeitet beim TÜV! Ich fahre in die nächste Werkstatt, der dortige Mechaniker braucht nicht lange, um eine neue Batterie einzusetzen. Ein Qualitätsprodukt *made in Italy*, wie er stolz betont:

„*Signorina*, jetzt hat ihr japanischer Kleinwagen ein italienisches Herz! Damit können Sie dreimal um die ganze Welt fahren, und es lässt sie sicher nicht im Stich."

Jedes Mal wenn ich zur Arbeit in Gipis Bar gehe oder von dort in die Anlage zurückkehre, habe ich das Gefühl, als Pendlerin zwischen zwei Welten unterwegs zu sein.

In der einen Sphäre bedeutet „Sommer am Gardasee" in erster Linie Hektik und Stress – schließlich gilt es, jetzt das Geld zu verdienen, das in der kälteren Jahreszeit, in der kaum Gäste kommen, ausbleibt.

Die Bewohner der anderen Sphäre setzen dagegen alles daran, für die Wochen oder die paar Tage, die sie am *lago* verbringen, ihrem stressigen Alltag zu entfliehen – sie wollen entspannen und genießen, sich etwas gönnen, nur keine schlechte Stimmung aufkommen lassen.

Teilweise komme ich mir tatsächlich etwas fehl am Platz vor, wenn ich nach der Vormittagsschicht erschöpft in die *residence* heimkehre und erstmal über die reglos in der prallen Sonne bratenden Körper einer niederbayerischen Metzgersfamilie steigen muss, um zu meinem Appartement zu gelangen. Oder wenn ich mich nachts über den Lärm ärgere, den die Urlauber aus den Niederlanden, die die Wohnung gegenüber gemietet haben, seit Stunden am Pool veranstalten – verständlicherweise ohne auch nur einen einzigen Gedanken daran zu verschwenden, dass es in der Anlage Leute geben könnte, die morgen wieder arbeiten müssen.

Da ich ständig hin- und herwechsle, habe ich in diesen Wochen die Gelegenheit, Menschen aus beiden Welten besser kennenzulernen. Das gilt zum Beispiel für die Brasilianerinnen aus der *gelateria*, denn immer wieder ergibt sich bei einer kurzen Pause auf der schattigen Bank hinter Gipis Bar die Gelegenheit zu einem Plausch mit Jana, Mery, Vera, Rhamana, Mari oder Graziana. Sie fragen mich nach meinen Plänen und interessieren sich für das Leben in Deutschland, im Gegenzug erzählen sie von ihren Familien – obwohl noch recht jung, haben einige von ihnen bereits Kinder – und davon, wie sie nach Italien gekommen sind und wie es ihnen hier geht. Wer nachweisen kann, dass er ein Nachfahre von nach Brasilien ausgewanderten Italienern ist, der hat die Möglichkeit, die italienische Staatsbürgerschaft zu beantragen – das ist der Grund, weshalb ich hier am See so vielen gebürtigen Südamerikanern begegne.

Von den Eisverkäuferinnen erfahre ich, dass sich die meisten in den ersten Jahren illegal im Land aufhalten und sich als Putzfrau, Zimmermädchen oder Tellerwäscher das Geld für das juristische Verfahren zur Einbürgerung zusammensparen. Offenbar gibt es ein gut funktionierendes Netzwerk aus „Helfern", die den verständlichen Wunsch junger Brasilianerinnen und Brasilianer nach einem besseren Leben in Europa nutzen, um damit gutes Geld zu verdienen. Doch die Eisverkäuferinnen scheinen deshalb keineswegs verbittert zu sein. Sie sind froh, in Italien leben und arbeiten zu können – trotz Knochenjob, trotz Heimweh und trotz der Ressentiments, die ihnen von Seiten einiger Einheimischer entgegengebracht werden. Die treffen im Übrigen längst nicht nur sie, sondern vor allem auch die vielen Einwanderer aus Südosteuropa, die sich im wirtschaftlich starken Norden Italiens, und damit auch am Gardasee, verdingen. Die „Lega Nord" ist im Veneto fest verankert, in Verona stellt sie sogar den Bürgermeister. Diese Partei setzt sich nicht nur dafür ein, dass sich Norditalien zugunsten eines unabhängigen Staates namens „Padanien" vom Süden abspaltet, sie tritt zum Teil auch offen rassistisch und fremdenfeindlich auf – eine Haltung, die ein nicht unerheblicher Prozentsatz der Wähler unterstützt.

Ganz andere Probleme hat Herr Mickal aus Rosenheim. Seit er so freundlich war, mir mit seinem Starterkabel auszuhelfen, sind er, seine Frau, die sechzehnjährige Tochter und der 21-jährige Sohn zu meinen deutschen Freunden in der

„Freizeit-Sphäre“ der Anlage geworden – wobei ihr Aufenthalt am Gardasee nicht besonders viel mit Urlaub zu tun zu haben scheint.

„Wir sind etwa drei Wochen pro Jahr hier. In dieser Zeit gibt es dann immer eine Menge zu erledigen: Entweder muss die Therme repariert werden oder der Spülkasten streikt, gestern habe ich die neue Waschmaschine angeschlossen, eine neue Couch wäre auch längst fällig. Dann ist da noch die Eigentümerversammlung ... Im Grunde haben wir hier mindestens so viel zu tun wie zu Hause. Aber ich will mich nicht beschweren“, beeilt sich Herr Mickal hinzuzufügen, „schließlich hat es auch was für sich, wenn wir nach getaner Arbeit auf einen Eisbecher runter zum See oder auf einen Cappuccino in unsere Lieblingsbar gehen können. Und die Kinder würden die Wohnung sowieso nie aufgeben wollen.“

Die Mickals vermieten ihre Wohnung an Feriengäste, um die laufenden Kosten wieder hereinzubekommen. Strom, Wasser, Abfallgebühren – und die Steuern. Für Immobilienbesitz, der nicht als eigener Erstwohnsitz genutzt wird, fallen in den letzten Jahren immer höhere Kosten an. Dabei ist das System nicht besonders transparent.

„Man weiß nie genau, wie viel beim nächsten Mal fällig ist. Und bezahlen müssen wir bar – mal im Postamt, mal im *studio legale* –, denn überweisen kann man die Steuern und Abgaben hier nicht! Gott sei Dank übernimmt das Greta, falls wir gerade nicht da sind. Ohne sie wären wir sowieso aufgeschmissen: Greta ist immer vor Ort, wenn die Gäste jemanden brauchen, sie übersetzt, holt die Handwerker und schaut auch im Winter mal rein, ob noch alles in Ordnung ist.“

Schließlich erzählt mir Herr Mickal, was sich in den zwanzig Jahren, seit er und seine Frau ihre Wohnung in Lazise gekauft haben, im Ort verändert hat.

„Lazise ist unheimlich gewachsen. Sind Sie mal die Straße weiter den Hügel hinaufgegangen?“ Er zeigt aus dem Fenster. „Da gab es früher nur Olivenbäume und Weinberge. Inzwischen ist jeder Quadratmeter bebaut, ein ganzes neues Viertel ist entstanden.“

Tatsächlich habe ich mich dort schon einmal umgesehen. Ich erinnere mich an viele Neubauten, einige davon prachtvolle Villen mit Türmchen und Zinnen, alle mit Seeblick – zumindest aus dem obersten Stockwerk. Im Gegensatz zum Norden ist am südöstlichen Gardasee, wo die steilen, unwegsamen Berghänge zu sanften Hügeln werden, noch Platz. Platz für Campingplätze, die inzwischen teilweise die Größe und die Infrastruktur von Kleinstädten haben, Platz für noch mehr Zweitwohnungen, Ferienappartements, Hotels und Einkaufszentren.

Es ist Nachmittag, ich habe frei, liege am Pool in der Sonne und denke über Themen für Artikel nach, die ich demnächst schreiben möchte. Um mich herum toben die Kinder der Feriengäste, darunter auch Sebastiano und Davide, die Söhne von Rita und Luciano, die während der dreimonatigen Sommerferien die *piscina* ihrer Zweitwohnung ausgiebig zu nutzen verstehen.

Während ich gedankenverloren meinen Blick über die Feriengäste schweifen lasse, die sich im Garten der *residence* eingerichtet haben, fällt mir ein Mann ins Auge. Er ist mit einer knappen Badehose bekleidet, hat eine sportliche Figur und kurz geschnittenes, bereits leicht ergrautes Haar. Offenbar bewohnt er die Erdgeschosswohnung, neben deren mit vielen Blumenstöcken bestückten Terrasse er sorgfältig zwei Liegen platziert. Danach geht er in die Wohnung, kehrt kurz darauf mit einer Gießkanne zurück und beginnt äußerst gewissenhaft die Töpfe, in denen besagte Blumen stehen, zu wässern.

Als ich mich gerade frage, wie wohl die Frau aussieht, die zu diesem bemerkenswert gutaussehenden Herrn gehört, öffnet sich die Terrassentür, und ein weiterer, ebenfalls nur mit einer Badehose bekleideter, äußerst attraktiver Mann, der ein wenig jünger und noch etwas schlanker ist als der erste, tritt ins Freie.

Er sieht sich kurz um und streckt sich dann auf einer der beiden Liegen aus, wo er sich sogleich in ein Buch vertieft. Die geräuschvoll direkt links neben ihm spielenden Kinder der niederbayerischen Metzgersfamilie ignoriert er dabei mit ebenso stoischer Gelassenheit wie das auf der rechten Seite lautstark diskutierende Ehepaar aus den Niederlanden. Ich bin beeindruckt von so viel Gleichmut.

Einige Zeit später – die meisten Urlauber sind bereits gegangen, um sich zum Restaurantbesuch ausgehfertig zu machen – befinde ich mich allein mit dem jüngeren der beiden Herren im Pool. Zunächst zieht er seine Bahnen ebenso stoisch, wie er vorhin gelesen hat. Doch dann nimmt er Blickkontakt auf, nähert sich mir und stellt sich mit leiser, sanfter Stimme vor:

„Devo presentarmi, sono Alceo."

„Piacere, sono Giulia", antworte ich, überrascht und erfreut über seine Höflichkeit.

In der Folge unterhalten wir uns lange am Beckenrand. Alceo erzählt mir, dass er und Ugo – so heißt sein Partner – in Verona leben, aber im Sommer oft wochenlang von Lazise aus in die Arbeit pendeln. Schnell finden wir viele Gemeinsamkeiten, sprechen über Kunstwerke und Städte, die uns begeistern, und tauschen uns über Länder und Regionen aus, die wir schon bereist haben oder noch besuchen wollen.

Ich bemerke, dass unter Alceos ruhiger, scheinbar unerschütterlicher Oberfläche ein sensibler und intelligenter Geist wohnt, der alles um sich herum genau beobachtet, um die dabei gewonnenen Erkenntnisse dann in messerscharfen, originell formulierten und oft mit beißender Ironie versehenen Kommentaren wieder von sich zu geben. Manchmal brauche ich einen Moment, bis ich seine Anspielungen verstehe, doch auch darüber können wir uns amüsieren. Am Ende kommt Ugo dazu, und als er sich vorstellt, tut er das in ziemlich gutem Deutsch.

„Ich bin Lehrer", erklärt er mir, „und Deutsch ist eines der Fächer, die ich unterrichte."

Als wir uns schließlich verabschieden, ist längst klar, dass ich mit Alceo und Ugo unverhofft zwei neue Freunde gefunden habe.

Seit einigen Jahren wird, wie überall in Europa, auch in Italien über die rechtliche Situation gleichgeschlechtlicher Paare diskutiert. In einem Land, in dem – zumindest auf dem Papier – achtzig Prozent der Bevölkerung der katholischen Kirche angehören, wird diese Diskussion oft verbissen und mit verhärteten Fronten geführt. Das gesellschaftliche Klima, das es dem ehemaligen Ministerpräsidenten Silvio Berlusconi erlaubte, sich in der Öffentlichkeit immer wieder abfällig über Homosexuelle zu äußern, hat sich trotz guten Willens auch unter den Nachfolgeregierungen nicht wesentlich geändert. Die gleichgeschlechtliche Ehe ist undenkbar, eingetragene Partnerschaften sind umstritten, und wer sich in Italien öffentlich als schwul oder lesbisch outet, muss mit weitaus stärkerem Gegenwind und aggressiverer Polemik rechnen, als heute in den meisten Teilen Deutschlands zu erwarten wäre. Dass seit 2005 mit Nichi Vendola ein offen homosexueller und – trotzdem – sehr populärer Politiker der süditalienischen Provinz Apulien als Präsident vorsteht, ist jedoch ein untrügliches Zeichen dafür, dass auch in diesem Land nicht alles so eindeutig ist, wie es zunächst scheint.

Ugo und Alceo sind schon seit zwanzig Jahren ein Paar und haben offenbar einen für sich akzeptablen Weg gefunden, ihre Partnerschaft zu leben, ohne sich ständig rechtfertigen zu müssen. Dazu gehört allerdings, dass sie in der Öffentlichkeit keine zärtlichen Gesten austauschen und sich nie anders verhalten, als wären sie einfach zwei gute Freunde. Ich habe nicht den Eindruck, dass ihnen das Mühe bereitet – vielmehr sieht es so aus, als hätten sie das schon immer so gehalten und als sei es ihnen längst zur Selbstverständlichkeit geworden.

Nachdem ich ein paarmal auf ihrer Terrasse zum *aperitivo* eingeladen war, beschließen Ugo und Alceo, dass sie mir bei einem gemeinsamen Ausflug ein paar ihrer Lieblingsorte am See zeigen wollen.

Zuerst sehen wir uns in der Nähe von Garda eine wunderschöne Renaissancevilla an, dann fahren wir zur Chiesa di San Zeno bei Castelletto. Die kleine romanische Kirche, die direkt an der Gardesana liegt, ist der älteste Sakralbau am ganzen Ostufer.

„Siehst du die Figur dort oben?" Ugo zeigt zur Turmspitze, auf der ein Hahn aus Metall steht. „Deswegen nennt man die Kirche auch *San Zen de l'oselet*. ‚*Oselet*' bedeutet ‚Vögelchen'."

Schließlich bringen mich die beiden noch nach Crero. Dieser Weiler liegt zwar nahe der Gardesana, ist aber nur über eine sehr schmale und unauffällige Nebenstraße zu erreichen. Als wir die steilen Serpentinen hinter uns haben, verstehe ich, warum Ugo und Alceo unbedingt herkommen wollten: Eine Handvoll mittelalterlich anmutender Steinhäuser schmiegt sich hoch über dem See malerisch an den Berghang, und anstelle des unablässigen Motorenlärms hören wir hier, wo es mit dem Auto nicht mehr weitergeht, nur noch Vögel zwitschern und Grillen zirpen. Das Beste ist aber der unvergleichliche Blick auf den See. Diese Aussicht kann man auch durch das Panoramafenster des kleinen Restaurants genießen, in dem wir drei uns zur *cena* niederlassen. Beim Abendessen plaudern wir nicht nur über Verona und den Gardasee, sondern auch über *meine* Heimat, denn Ugo und Alceo hegen große Sympathie für Bayern. Sie haben bereits mehrmals Urlaub in Inzell gemacht und waren sogar schon auf dem Herbstfest in Rosenheim!

Erst lange nach Sonnenuntergang sind wir wieder zu Hause, und zum Abschied laden mich die beiden herzlich ein, auch dann noch zum *aperitivo* auf ihrer Terrasse zu kommen, wenn ich nicht mehr in der Anlage wohne.

Ausgerechnet am 15. August – also an *ferragosto*, dem Feiertag, an dem in Italien jeder frei hat und die Strände im ganzen Land überfüllt sind – endet die große Hitzewelle in einem fürchterlichen Gewitter. Mitten am Tag verdunkelt sich mit einem Mal der Himmel, Blitze zucken auf, dann folgt der Platzregen. In Sekundenschnelle steht das Wasser zentimeterhoch, in den Gassen bilden sich kleine Flüsse. Auf der Gardesana reihen sich Wohnmobile aneinander, nicht wenige Camper treten mitten im strömenden Regen überstürzt die Flucht an.

Doch als kurz darauf in Lazise die jährliche „Festa dell' Ospite" stattfindet, herrscht längst wieder beständiger Sonnenschein. Am Festwochenende erreicht der sommerliche Trubel endgültig seinen Höhepunkt: Die allgegenwärtigen Sonderaktionen der Geschäfte locken noch mehr Besucher in den Ort, auf mehreren extra errichteten Bühnen sorgen verschiedene Bands bis spät in die Nacht für ausgelassene Stimmung.

Am zweiten Abend drängen sich die Schaulustigen am alten Hafen, um die „Cuccagna del Cadenon" zu verfolgen. Für diesen traditionellen Wettbewerb wird ein acht Meter langer, blankpolierter und gut eingefetteter Baumstamm horizontal über das Wasser gehängt, und die wagemutigen Teilnehmer versuchen nacheinander, die Fahne zu erreichen, die an seiner äußersten Spitze angebracht ist – was in den allermeisten Fällen mit einem spektakulären Sturz ins Hafenbecken endet.

Den absoluten Höhepunkt des dreitägigen Spektakels zu Ehren der Sommergäste bildet schließlich das gigantische Feuerwerk, das am letzten Abend – begleitet von pompöser Orchestermusik – über dem See abgefeuert wird.

An meinem Arbeitsplatz in Gipis Bar bin ich während der Festtage fast immer im Einsatz und mitten im Geschehen. Meist komme ich überhaupt nicht zum Nachdenken und gehe einfach roboterhaft meiner Tätigkeit nach, doch manchmal muss ich regelrecht gegen einen aufkeimenden Widerwillen ankämpfen. Zu viele Menschen, zu viel Gedränge, zu viel Lärm, zu viel Hektik! Als wir einmal eine Minute Zeit zum Durchatmen haben, frage ich Rita, die neben mir hinter dem Tresen steht, ob sie die hochsommerliche Touristeninvasion nicht manchmal satt hat.

„Weißt du", antwortet sie, „es ist noch gar nicht so lange her, da waren die Menschen, die hier am *lago* gelebt haben, bitterarme, einfache Fischer. Mein Vater musste noch als Gastarbeiter in die Schweiz gehen, weil er hier nicht genug verdienen konnte, um zu überleben. Im Vergleich dazu sind wir heute doch sehr viel besser dran. Wir haben Arbeit, die uns ein gutes Leben ermöglicht, unsere Kinder werden studieren können. Und das liegt nur daran, dass heutzutage so viele Leute nach Lazise kommen, um hier ihren Urlaub zu verbringen. Nein, Giulia, darüber will ich mich nun wirklich nicht beklagen."

Settembre

Anfang September ziehe ich wieder bei Francesca und Luis ein, und es fühlt sich an, als sei ich viel länger als nur einen Monat weg gewesen. Die beiden freuen sich glücklicherweise genauso wie ich über meine Rückkehr. Bei der ersten Gelegenheit sitzen wir stundenlang zusammen und erzählen uns gegenseitig von den Erlebnissen der vergangenen Wochen. Ich erfahre, dass es Luis' Bruder und dessen Frau in Lazise sehr gut gefallen hat – ich habe die beiden ein paarmal getroffen, als sie mit Francesca in Gipis Bar waren –, und ich erzähle im Gegenzug von meinem turbulenten Leben in der *residence*.

Trotz aller Vorfreude auf meine WG ist mir der Abschied aus der Anlage – vor allem wegen der neuen Freundschaften, die ich dort geschlossen habe – nicht ganz leicht gefallen. Aber Ugo und Alceo werde ich ja regelmäßig auf ihrer Terrasse besuchen können, und mit den Mickals – den netten Wohnungsbesitzern aus meiner Heimatstadt – habe ich vereinbart, dass wir uns auf jeden Fall in Rosenheim treffen, sobald ich wieder einmal in Deutschland bin.

Kurz vor ihrer Abreise, als die Mickals alle nötigen Reparaturen und Anschaffungen für dieses Jahr erledigt hatten, haben wir noch einen gemeinsamen Ausflug zur Wallfahrtskirche Madonna della Corona unternommen. Diese liegt spektakulär an einer beinahe senkrecht abfallenden Steilwand in 773 Metern Höhe und ist von unten gut zu sehen, wenn man auf der Autobahn durch das Etschtal fährt.

Der Aufstieg an der Ostseite des Monte Baldo, den viele Pilger auf sich nehmen, soll etwa zwei Stunden dauern und ziemlich anstrengend sein – wir haben uns bei unserem Besuch für die entspanntere Variante entschieden: Nachdem wir den dunkelblauen Volvo der Mickals im oberhalb der Kirche gelegenen Örtchen Spiazzi geparkt hatten, waren wir nur noch einen zwanzigminütigen Fußmarsch vom Ziel entfernt. Dort angekommen, konnte ich das wie ein Adlerhorst in luftiger Höhe thronende Gotteshaus, das ich bisher nur von Weitem aus dem Autofenster gesehen hatte, erstmals aus der Nähe betrachten. Das Gebäude schmiegt sich so nahe an den Berg, dass es beinahe mit ihm zu verschmelzen scheint – und tatsächlich bildet der überhängende Felsen sowohl die Westwand als auch einen Teil des Daches der Kirche, wie man im Innenraum eindrucksvoll sehen kann.

Inzwischen sind die Mickals längst wieder zu Hause in Bayern. Am Tag ihrer Abreise aus Lazise ist mir wieder einmal klar geworden, wie glücklich ich mich schätzen kann, nicht wie sie nach einer kurzen Auszeit im Süden in meinen deutschen Alltag zurückkehren zu müssen, sondern hier am Gardasee meinen italienischen Traum weiter leben zu dürfen.

Im Übrigen kommt in meinem italienischen Alltag keine Langeweile auf: Noch während ich mich langsam wieder bei Francesca und Luis einrichte, bereite ich mich auf meinen erneuten Auszug vor – es bleibt nämlich gar nicht mehr so viel Zeit, bis der Bus mit meiner nächsten Reisegruppe eintreffen wird.

Diesmal steht hauptsächlich das Westufer des Gardasees auf dem Programm. Unser Quartier wird sich im mondänen 10 000-Einwohner-Städtchen Salò befinden. Ich bin zwar nicht mehr ganz so aufgeregt wie vor meiner „Feuertaufe“ in Sachen Reiseleitung, trotzdem steigt langsam wieder die Spannung.

Ich krame meine Aufzeichnungen hervor und versuche, während ich meine Koffer aus- und einen davon gleich wieder einpacke, mir alle wichtigen Daten und Fakten zum Gardasee ins Gedächtnis zurückzurufen.

Mit dem Auto von Lazise bis ans Westufer zu fahren, dauert zu lange, als dass ich auch diesmal jeden einzelnen Ort des Reiseprogramms vorab ausgiebig besuchen könnte. Ich werde eben notfalls ein wenig improvisieren müssen.

Das Westufer des Gardasees unterscheidet sich in vielerlei Hinsicht vom mir inzwischen bestens vertrauten östlichen Teil. Das liegt nicht zuletzt an den natürlichen Voraussetzungen:

Von Riva im Norden bis hinunter nach Salò fällt das Ufer sehr steil ab. Über Jahrhunderte gab es keine durchgehende Landverbindung zwischen den dortigen Ortschaften – das Schiff war zwangsläufig das Mittel der Wahl, um sich zwischen ihnen zu bewegen. Das änderte sich erst, als man 1927 mit dem aufwendigen Bau der „Gardesana occidentale" begann, für die man in vier Jahren 74 Tunnel zwischen Riva und Gargnano in den felsigen Untergrund sprengte. Einige der schönsten – aber auch gefährlichsten – Abschnitte dieser Straße sind inzwischen für den Autoverkehr gesperrt und wurden durch längere Tunnel ersetzt, doch bis heute hat die Fahrt entlang schier endlosen Galerien in der Steilküste einen ganz eigenen Reiz.

Auch das besondere Klima trägt seit jeher zum speziellen Charakter des Westufers bei: Das Gebiet zwischen Gargnano und Salò, in dem die Berge einen natürlichen Schutz vor kalter Luft aus dem Norden bieten, gilt als wärmste Zone nördlich des Apennins. Das milde Wetter sorgt für üppige subtropische Vegetation: Palmen, Zedern, Oleander und Bougainvillea gedeihen hier ebenso gut wie Zitronen und Orangen. Nicht von ungefähr trägt dieser Uferabschnitt auch den Namen „Riviera dei Limoni" – im Gegensatz zur „Riviera degli Olivi" am Fuß des Monte Baldo im Osten. Im 18. und 19. Jahrhundert waren die in unzähligen „Limonaie" angebauten Zitrusfrüchte vom Gardasee sogar ein echter Exportschlager –

bis die billigere Konkurrenz aus Sizilien den Betrieb dieser speziellen Gewächshäuser immer weniger profitabel machte. Seitdem im extrem kalten Winter von 1928/29 die meisten noch verbliebenen Zitronenbäume dem Frost zum Opfer fielen, ist dieser Wirtschaftszweig am Gardasee endgültig Geschichte.

Relikte des Zitrusfrüchte-Booms sind nicht nur die wenigen verbliebenen Limonaie, die man heute als Museen besichtigen kann, und die zahllosen Limoncello-Flaschen in unterschiedlichsten Größen und Formen, die in den allgegenwärtigen *prodotti-tipici*-Läden auf kauffreudige Touristen warten. Neben all dem hat sich auch eine traditionsreiche Marke, unter deren Namen am Gardasee schon um 1800 Zedratsirup produziert wurde, bis in die Gegenwart erhalten. Zwar werden die dicken, grünen Zedratzitronen inzwischen aus Kalabrien geliefert – doch der Firmensitz des heute hauptsächlich für seine Limonade bekannten Herstellers befindet sich noch immer in Salò.

Der größte Teil der Touristen, die heute aus nördlich gelegenen Ländern an den *lago* reisen, schlägt sein Quartier am Ostufer auf, da es über die Autobahn schneller zu erreichen ist und wegen der geographischen Gegebenheiten mehr Platz und daher auch günstigere Unterkünfte bietet. Seine Anfänge nahm der moderne Tourismus jedoch am Westufer, das mit seinem milden Klima schon im 19. Jahrhundert die „bessere Gesellschaft" – also: gekrönte Häupter und in deren Gefolge das gehobene Bürgertum aus Mailand und Bresica, aber auch aus Deutschland, Österreich und England – anlockte. Das besondere Flair, das die „Riviera Bresciana" bis heute auszeichnet, hat sie damals erhalten. Zu prachtvollen Gebäuden wie dem Palazzo Bettoni aus dem 18. Jahrhundert, der dem Schloss Schönbrunn in Wien nachempfunden ist, gesellten sich Villen von Industriellenfamilien wie die der Papierfabrikanten

Feltrinelli in Gargnano, die heute ein Luxushotel beherbergt und deren Anblick auch in der Gegenwart den Charme der „Belle Époque" verströmt.

Der in Innsbruck geborene Arthur Hruska, ein hochangesehener Arzt und Botaniker mit Zugang zu den besten Kreisen, begann ab 1903 auf einem 10 000 Quadratmeter großen Areal bei Gardone einen wunderschönen Garten anzulegen, der inzwischen etwa 3000 Pflanzenarten beherbergt und seit 1988 dem österreichischen Künstler André Heller gehört. Nicht weit entfernt erwarb der schillernde Poet und Schriftsteller Gabriele D'Annunzio in den Zwanzigerjahren das Anwesen eines deutschen Kunsthistorikers und erweiterte es in der Folge zum heute als Museum zu besichtigenden „Vittoriale degli Italiani" – einem architektonischen Spiegel seines ebenso phantasievollen wie größenwahnsinnigen Geistes. Die Aura vergangenen Ruhmes ist auch entlang den Uferpromenaden und in den Gassen von Gargnano, Gardone und Salò spürbar, wo noch heute alles ein wenig stiller, aber auch teurer und exklusiver erscheint als in den vom Massentourismus vereinnahmten Orten am gegenüberliegenden Seeufer.

So beschaulich die „Riviera Bresciana" auch wirkt – gegen Ende des Zweiten Weltkriegs wurde sie plötzlich zu einem politischen Zentrum: Nachdem Mussolini nach der Landung der Alliierten in Italien im Juli 1943 gestürzt, in Haft genommen und von den Deutschen in einer Nacht- und Nebelaktion befreit worden war, gründete er die „Repubblica Sociale Italiana" – den zweiten faschistischen Staat auf italienischem Boden. Das Herrschaftsgebiet der „Italienischen Sozialrepublik" beschränkte sich auf den immer kleiner werdenden Teil Norditaliens, der von deutschen Truppen kontrolliert wurde, als Regierungssitz fungierte die kleine Stadt Salò am Gardasee.

Die geschützte Lage bei gleichzeitiger Nähe zum wichtigen Industrie- und Handelszentrum Mailand mag ein wichtiger Grund für diese ungewöhnliche Wahl gewesen sein. Genügend repräsentative Gebäude waren an der „Riviera Bresciana" jedenfalls vorhanden: Mussolini selbst residierte in der Villa Feltrinelli, das Außenministerium nahm seinen Sitz in der Villa Isabella in Salò – einem Jugendstilbau, der heute ebenfalls als Luxushotel dient. Der Ministerrat tagte im Palazzo Bettoni, viele weitere Prunkbauten beherbergten Regierungs- und Verwaltungsorgane des improvisierten Staatsgebildes.

Doch das glanzvolle Äußere änderte nichts daran, dass Mussolini und seine Getreuen am Gardasee nur noch als Marionetten des deutschen Reiches agierten. Um den *„Duce"* vor Partisanen zu schützen, wurde die „Gardesana occidentale" für den Privatverkehr gesperrt – eingeschlossen von Bergen und See war der Mann, der mehr als zwei Jahrzehnte über Italien geherrscht hatte, faktisch ein Gefangener unter Hitlers ständiger Kontrolle. Der Spuk sollte keine eineinhalb Jahre dauern: Die „Republik von Salò" hörte mit Kriegsende im Mai 1945 auf zu existieren, nachdem Mussolini bereits einige Tage zuvor – beim Versuch sich als deutscher Soldat verkleidet abzusetzen – am Comer See von Partisanen aufgegriffen und kurz darauf getötet worden war.

Mussolini ist – anders als Hitler – nach dem Krieg von seinen Landsleuten nie gänzlich tabuisiert worden. Bis heute sind *„Duce"*-Devotionalien auf italienischen Flohmärkten im Überfluss zu haben, nicht selten trifft man auf Menschen, die die Ära des Faschismus romantisieren und verklären. Seitdem Anfang der Neunzigerjahre das politische System des Nachkriegs-Italien, in dem sich alle großen Parteien als Antifaschisten verstanden, zerfallen ist, reüssieren derartige Ideen auch in der Öffentlichkeit. So pflegte Silvio Berlusconi einen hemmungslosen Personenkult und tolerierte es bereitwillig, von manchen seiner Anhänger nostalgisch als „Führer" tituliert zu werden. Heute sitzt eine Mussolini-Enkelin, die ihren Großvater offen verehrt, für Berlusconis Partei im Europaparlament.

Für die „Riviera Bresciana" ist die Zeit der „Republik von Salò" dann doch nur eine kurze Episode geblieben, die zwar Stoff für jede Menge Geschichten liefert – etwa um die Mussolini-Geliebte Clara Petacci, die in der Villa Fiordaliso in Gardone residierte –, aber der Region glücklicherweise nicht dauerhaft ihren Stempel aufzudrücken vermochte.

„Pass auf, Doris, dass dich der Amor nicht erwischt! So oft, wie ich den hier schon gesehen hab'..."

„Um Himmels Willen! Bloß keinen Italiener – den würde ich ja gar nicht verstehen!"

„Also da sehe ich kein Problem. Und vielleicht wäre das ja sogar besser – schließlich kommt es nicht in erster Linie aufs Reden an. Außerdem: Bei deinem Ex-Mann, da hast du doch jedes Wort bestens verstanden – und wo *das* hingeführt hat, wissen wir ja!"

In der „Villa Romana" in Desenzano, einer der ersten Stationen unseres Programms, haben sich die Reiseteilnehmer nach meiner kurzen Einführung zu kleinen Grüppchen zusammengefunden und erkunden nun auf eigene Faust die Überreste des antiken Luxusdomizils, die erst 1921 bei Bauarbeiten zufällig wiederentdeckt wurden.

Vor allem die prächtigen und teils erstaunlich gut erhaltenen Mosaikfußböden lassen erahnen, wie kunstvoll die Villa vor 1700 Jahren ausgestattet gewesen sein muss. Nicht nur ausgefeilte geometrische Figuren und Verzierungen sind zu sehen, sondern auch viele detailgetreue Naturdarstellungen, Pflanzenmotive und wilde Tiere. Doch die meiste Aufmerksamkeit ziehen offenbar die putzigen *amorini* auf sich. Dabei handelt es sich um kleine, geflügelte Wesen im Dienste des Liebesgottes Amor, die auf den Mosaiken immer wieder auftauchen, ob beim Fischen, Musizieren oder bei Wagenrennen.

Einen *pignolo*, also einen Pedanten vom Schlage eines Herrn Dr. Weinberger scheine ich diesmal nicht in der Gruppe zu haben. Stattdessen hat sich unter anderem die lustige Damenrunde, die gerade vor mir auf dem Holzsteg über die Mosaike spaziert, auf den Weg zum Gardasee gemacht. Soweit ich bisher mitbekommen habe, handelt es sich dabei um drei Freundinnen, die der vierten – Doris – die Reise zur erfolgreich überstandenen Scheidung geschenkt haben. Schon seit dem Begrüßungs-Prosecco ist mir klar, dass es diesem Quartett mehr auf Spaß und gute Laune als auf Weiterbildung ankommt.

In Desenzano, der mit mehr als 28 000 Einwohnern größten Stadt an Gardasee, unternehmen wir nach der Besichtigung der „Villa Romana" noch einen Spaziergang, auf dem ich von der Bedeutung der Ortschaft in der Zeit der venezianischen Herrschaft erzähle. Damals war Desenzano der wichtigste Umschlagplatz für das in der Poebene angebaute Getreide, der venezianische Stil der Fassaden am alten Hafen zeugt noch immer von dieser Epoche.

Abgeschlossen wird das Programm des ersten Tages mit dem Besuch einer Reismühle in Isola della Scala, südlich von Verona. *Pizza* und *pasta* haben die Vorstellung der meisten Ausländer von italienischem Essen so sehr in Beschlag genommen, dass *risotto* und *polenta*, die beiden Basisgerichte aus Reis und Mais, die die kulinarische Tradition in den nördlichen Regionen des Stiefels mindestens ebenso stark geprägt haben, oft übersehen werden. Dabei ist Italien das einzige Land in Europa, in dem überhaupt eine nennenswerte Menge Reis angebaut wird. Das meiste davon wächst im Piemont und in der Lombardei, doch auch das relativ kleine Anbaugebiet in der „Bassa Veronese" im Veneto hat eine lange Tradition, die mindestens bis ins 15. Jahrhundert zurückreicht.

Nur etwas mehr als eine halbe Stunde brauchen wir mit dem Bus von Desenzano nach Isola della Scala. Am Steuer sitzt, wie schon bei meiner ersten Reisegruppe im Mai, Jürgen – und zwar so, wie ich ihn kennen und schätzen gelernt habe: mit Schnurrbart, Vokuhila und einem offenbar unerschütterlichen Gemüt. Während der Fahrt tauschen wir uns über unsere Sommererlebnisse aus: Er erzählt von Schlechtwetterfronten, die einige geplante Familienausflüge zum Badesee verhagelt haben, ich berichte von der brutalen Hitzewelle und den Touristenmassen, von denen der Gardasee in den vergangenen Wochen gleichermaßen heimgesucht wurde.

An der Reismühle angekommen, erwartet uns zunächst eine interessante Führung, bei der ich bald beginne, mir Notizen zu machen. Schließlich brauche ich noch Stoff für meinen nächsten Beitrag zur Artikelserie „Essen und Trinken in Europa“. Während eines Spaziergangs durch ein Reisfeld werden wir über die Anbautechniken aufgeklärt, und nach der Präsentation einer alten Mahlvorrichtung erklärt uns der freundliche Führer, dass die hier angebaute Sorte „Vialone Nano Veronese“ selbstverständlich diejenige sei, aus der man das beste *risotto* zaubern könne.

Darauf folgt die unvermeidliche Verkostung: Die Gruppe nimmt in einem Speisesaal Platz, serviert werden *risotto bianco* – die einfache Standartvariante –, *risotto milanese* – leuchtend gelb wegen des hinzugefügten Safrans –, *risotto al nero di seppia* – mit dem Farbstoff von Tintenfischen tiefschwarz gefärbt –, und natürlich *risi e bisi* – das traditionelle venezianische Reis-Erbsen-Gericht, das auch in Deutschland beinahe jedem ein Begriff ist.

Fast ein ganzer Tag im Reiseprogramm ist für die Erkundung der phantastischen Welten von Gardone vorgesehen. D'Annunzios „Vittoriale degli Italiani“ lässt sowohl mich als auch meine 25 Schützlinge beinahe sprachlos zurück: eine riesige, exzessiv dekorierte Villa mit Bibliothek, Kunstsammlung und zwei unterschiedlichen Warteräumen – einem für willkommene Gäste und einem für unwillkommene. Ich muss zugeben, dass mir diese Idee gefällt. Dazu im Park ein Freilichttheater mit einem grandiosen Blick auf den Gardasee sowie ein kompletter Kreuzer der italienischen Marine vom Beginn des 20. Jahrhunderts. Man muss nicht erst bis zum monumentalen Mausoleum mit dem Grab des Bauherrn vordringen, um zu bemerken, dass es sich bei D'Annunzio um einen speziellen Charakter gehandelt hat, in dem sich Egomanie und Genialität gegenseitig zu Höhenflügen anstachelten.

Wohltuend entspannt, wenn auch kaum weniger beeindruckend, wirkt dagegen die Wunderwelt, die wir im Anschluss besichtigen: In André Hellers Gartenanlage flaniert die Gruppe durch eine meditative Landschaft aus künstlichen Wasserfällen und mit knallbunten Fischen bestückten Teichen, staunt über die Vielfalt unterschiedlichster Pflanzenarten aus allen Weltregionen und lässt sich von den geschickt dazwischen platzierten Skulpturen international renommierter Künstler überraschen.

„Also hübsch sieht das schon aus, da könnte man mal ein Wochenende verbringen. Oder was meinst du, Doris?"

„Oh ja, das kann ich mir gut vorstellen. Allerdings würde das wohl unser Budget ein klein wenig übersteigen. Wissen Sie zufällig, was ein Zimmer da drin kostet?"

Wir stehen am Seeufer nördlich von Gargnano und haben die beste Sicht auf die Villa Feltrinelli, die Ende der Neunzigerjahre restauriert wurde und seitdem als Luxushotel dient. Der edel ausgestattete Prachtbau steht in einer wunderschönen Parkanlage direkt am Wasser und verfügt über einen eigenen Landungssteg für das Ausflugsschiff des Hotels, das seinen Gästen nur den allerbesten Service bietet. All das hat selbstverständlich seinen Preis.

„Nun, das kommt darauf an“, erkläre ich dem Damenquartett, das mich nach Doris’ Frage erwartungsvoll ansieht. „Wenn Ihnen die günstigste Zimmerkategorie genügt – und wenn Sie außerdem in der Nebensaison anreisen –, dann könnten Sie bereits für 1000 Euro pro Nacht unterkommen. Ansonsten müssen Sie mit dem Zwei- bis Dreifachen rechnen ...“

Die vier Freundinnen sind sich schnell einig, dass sie nicht bereit wären, so viel Geld zu bezahlen – nur um dann zu Hause erzählen zu können, dass sie einmal in Mussolinis Badewanne gelegen hätten.

„Sollte mich allerdings einmal jemand in diese Villa einladen“, ergänzt Doris, „ich würde nicht ‚nein‘ sagen!“

„Da müsstest du dich aber vorher komplett neu einkleiden, meine Liebe“, stellt daraufhin eine ihrer Freundinnen fest. Doris zeigt sich unerschütterlich:

„Dieses Opfer würde ich bringen!“

Die Villa Feltrinelli ist trotz ihres eindrucksvollen Äußeren in diesem Moment ausnahmsweise nur ein Nebendarsteller im Geschehen an der „Riviera Bresciana“. Die steht heute nämlich ganz im Zeichen der „Centomiglia“, der wichtigsten und bekanntesten Segelregatta auf dem Gardasee. Die Boote – zwischen 200 und 300 sind es jedes Jahr – starten morgens bei Bogliaco nahe der Villa Bettoni, fahren zunächst Richtung Norden bis nach Riva und Torbole, dann geht es über Brenzone zurück und bis hinunter nach Desenzano, bevor der *percorso* wiederum in Bogliaco sein Ende findet.

Für Gargnano und Umgebung ist der Tag der „Centomiglia“ ein Festtag, der neben den Wassersportlern eine Menge Schaulustige anlockt. Die Bars am Wasser sind allesamt überfüllt, zusätzlich werden Stände aufgebaut, an denen sich die Zuschauer mit Essen und Trinken versorgen können, aus Lautsprechern dröhnt Musik.

Doch die Hauptsache bleibt das, was auf dem Wasser geschieht: Eine Unmenge an Booten unterschiedlichster Bauart und Größe – die Konkurrenz ist in drei verschiedene Klassen unterteilt, dazu kommen noch die Katamarane –, deren weiße oder bunte Segel in der Sonne strahlen und die die Wasseroberfläche beinahe vollständig unter sich verbergen. Sowohl professionelle Segler wie ambitionierte Amateure sind bei der „Centomiglia“ unterwegs – und was aus der Ferne manchmal schwerfällig und gemächlich aussieht, ist im Wettkampf tatsächlich eine hochanspruchsvolle und actiongeladene Angelegenheit, bei der die Mannschaften über Stunden Höchstleistung bringen.

Dass der Name „Gardasee“ gerade für Segler und Surfer einen ganz besonderen Klang hat, liegt an den verlässlichen und kräftigen Winden, die zu verschiedenen Tageszeiten über ihn hinwegwehen. Vormittags ist es der *Peler*, manchmal auch einfach nur *vento* genannt, der die kühle Luft von den Bergen im Norden mitbringt, nachmittags ändert sich die Strömung, dann weht die *Ora* aus Richtung Süden. Doch das sind nur die beiden bekanntesten und wichtigsten der Gardasee-Winde in den Sommermonaten – daneben entstehen am *lago* noch eine ganze Reihe weiterer Luftströmungen mit klangvollen Namen wie *Bali, Orisina, Vinessa* oder *Fassanella*. Diese treten meist nur zu einzelnen Jahreszeiten, in bestimmten Zonen oder bei speziellen klimatischen Bedingungen auf – sie zu kennen gehört trotzdem zum kleinen Einmaleins für jeden, der regelmäßig auf dem Gardasee segelt. Das hilft nicht nur bei der Planung des Segeltörns, es schützt auch vor den spezifischen Tücken und Gefahren, die jeder dieser Winde unweigerlich mit sich bringt.

Die knappe Woche, die ich mit der Reisegruppe am Westufer unterwegs bin, vergeht wie im Flug und glücklicherweise ohne gravierende Zwischenfälle. Das Hotel in Salò ist sauber und ruhig gelegen, das Essen hervorragend, das Wetter mild und trocken, die Stimmung locker und gelöst. Alle scheinen zufrieden.

Am letzten Tag brechen wir zu einer Rundfahrt in die Hochebene von Tremosine auf. Während Jürgen den Bus über den spektakulärsten Streckenabschnitt der „Gardesana occidentale" hinauf nach Pieve lenkt, erzähle ich von den Turbulenzen, für die James Bond einst an dieser Stelle sorgte:

Im Film „Ein Quantum Trost" ist die Gardesana Schauplatz einer wilden Verfolgungsjagd. Für die wenigen Sekunden Bildmaterial, die im fertigen Film gelandet sind, wurden erhebliche Opfer gebracht: Bei den Dreharbeiten im Jahr 2008 versenkte ein Techniker den 160 000 Euro teuren Aston Martin des Geheimagenten versehentlich im See, daraufhin musste der Wagen per Kran aus fünfzig Metern Tiefe geborgen werden. Anschließend gab es noch zwei weitere Unfälle, außerdem wurde der gesamte Streckenabschnitt wegen der Arbeit des Filmteams zwei Wochen lang gesperrt. Für die Gemeinde Tremosine blieb der ganze Aufwand nicht ohne Lohn: Zur Entschädigung erhielt sie immerhin ein nagelneues Notarztfahrzeug mit schickem James-Bond-Logo auf der Fahrertür.

Wir legen einen Zwischenstopp bei der „Terrazza del Brivido" ein, einer zu einem Hotel gehörenden Aussichtsplattform, die 500 Meter über der Wasseroberfläche auf den See hinausragt, weshalb beim Blick in die Tiefe so manchem Besucher tatsächlich der namensgebende „Schauer" über den Rücken läuft. Am Ende dieses Tages soll es sogar noch höher hinaufgehen, doch zunächst fahren wir durch die Hochebene im Hinterland, die bis heute bäuerlich geprägt ist und im Gegensatz zu den meisten anderen Gebieten am Gardasee weniger mediterran, sondern fast schon alpin anmutet. In einem Spezialitätengeschäft erwartet man uns zur Probe des berühmten „Formagella di Tremosine", der unverzichtbarer Bestandteil jeder gut bestückten Käsetheke rund um den *lago* ist.

Dann folgt der abschließende Höhepunkt – im wahrsten Sinne des Wortes: Die Wallfahrtskirche Madonna del Monte Castello liegt auf einer Felsspitze 700 Meter über dem See. Die engen Serpentinen des letzten Wegstücks sind mit dem Bus nicht zu schaffen – die ganze Gruppe muss den zwanzigminütigen steilen Aufstieg zu Fuß bewältigen. Doch dieser lohnt sich allemal: Vom Platz vor der Kirche bietet sich eine sagenhafte Sicht auf den *lago*, die heute sogar bis zum etwa vierzig Kilometer entfernten Südufer reicht. Morgen früh geht es für meine Schützlinge wieder nach Hause – doch ich bin mir sicher, dass viele von ihnen noch lange an diesen Anblick zurückdenken werden.

Als die Gruppe den Heimweg angetreten hat und ich wieder nach Lazise komme, fühlt es sich ein wenig an, als würde ich – so wie der ganze Gardasee – nach einem gut zweimonatigen Ausnahmezustand langsam zu meinem gewohnten Alltag zurückfinden. Vor allem an den Wochenenden ist zwar immer noch viel Leben in der Stadt, doch Cristina im *alimentari* hat nun zwischendurch wieder öfter Zeit für ein Pläuschchen, ebenso wie die Drei-Generationen-Damen in der *tabaccheria*. Elena, die jüngste von ihnen ist im Übrigen froh, dass die große Hitzewelle jetzt, da ihr Babybauch schon deutlich an Umfang gewonnen hat, abgeflaut ist.

Ich konzentriere mich wieder auf das Schreiben meiner Artikel und genieße nebenbei die lauen Spätsommerabende, an denen ich am Seeufer entlangspaziere. Dann setze ich mich irgendwo auf eine Bank und warte auf den Sonnenuntergang, der den Himmel hinter den Bergen feurig rot färbt und auf dem See ein sich ständig veränderndes Schauspiel aus tanzenden, bunten Lichtpunkten aufführt. Ich genieße den Geruch des Wassers, der sich mit dem würzigen Duft der umstehenden Pinien und Zypressen mischt. Das Geräusch der in regelmäßigen Abständen ans Ufer rollenden Wellen wird nur manchmal von einzelnen italienischen Wortfetzen unterbrochen, die die sanfte Brise vom Spazierweg bis zu mir hinüberträgt. Je länger ich dort sitze, desto deutlicher spüre ich, wie sehr ich mich inzwischen mit diesem See, seinen Menschen und dem Land, das ihn umgibt, verbunden fühle. Als die Sonne hinter den Bergen verschwunden ist, stehe ich auf und mache mich auf den Weg zurück nach Lazise – zurück nach Hause.

Florian hat mir eine E-Mail mit einer Bitte geschickt:

„Wenn ich im Oktober bei dir am Gardasee bin, möchte ich die Gelegenheit nutzen und mein Italienisch weiter verbessern. Ich habe mir im Netz schon alle möglichen Kursangebote rund um Lazise angesehen – da gibt es ja eine ganze Menge! Leider sind die Kurse meistens ziemlich teuer und viel aufwendiger, als ich mir das vorstelle. Jetzt bin ich aber auf eine Anzeige von einem ‚Istituto Linguistico' in Cavaion gestoßen, die mir gefällt. Könntest du da mal anrufen und fragen, ob es im Oktober einen Anfängerkurs gibt und was der kosten würde? Danke!"

Darunter steht die Telefonnummer des betreffenden Instituts. Als ich dort anrufe, meldet sich eine freundliche Männerstimme, die, wie ich kurz darauf erfahre, zu Professore Antonio Moratti gehört. Ja, ich sei hier richtig beim „Istituto Linguistico". Nun, die Hauptsaison für Sprachkurse der Kategorie „Italienisch für Anfänger" sei zwar gerade zu Ende gegangen, aber man werde schon eine Lösung für meinen *fidanzato* finden.

„Erst vor ein paar Tagen hatte ich eine ähnliche Anfrage. Damit hätten wir also schon zwei Teilnehmer für einen *corso speciale*!"

Und auf meine Frage nach den Kosten macht Professore Antonio Moratti schließlich ein Angebot, von dem ich weiß, dass Florian es kaum ablehnen kann.

Ottobre

DIE TATSACHE, DASS FLORIAN AN DEN GARDASEE kommt, sorgt bei mir für gemischte Gefühle. In erster Linie freue ich mich, weil ich ihn im Laufe der Zeit doch immer mehr vermisst habe. Außerdem bin ich erstaunt, mit welchem Elan und welcher Konsequenz er seinen Aufenthalt in Lazise vorbereitet. Bis auf den Anruf wegen des Sprachkurses hat Florian alles eigenständig organisiert, sodass ich mich um nichts kümmern muss. Da ihn ein Hotelzimmer für die vier Wochen, die er bleiben möchte, zu teuer kommen würde, hat er sich ein Zimmer bei einer älteren Dame besorgt, das diese normalerweise an Saisonarbeitskräfte vermietet. Und was das „Istituto Linguistico" betrifft: Es beeindruckt mich durchaus, wie ernst es Florian offensichtlich meint, wenn er sagt, dass er die Sprache des Landes lernen möchte, das mir so sehr am Herzen liegt. Außerdem hat er damit noch einmal deutlich gemacht, dass er während seines Besuchs keineswegs ein vierwöchiges Unterhaltungsprogramm von mir erwartet, sondern dass er sich selbst um seine Anliegen kümmert.

Trotzdem bin ich auch nervös und unsicher. Der Gardasee hat sich in den vergangenen acht Monaten zu einem Refugium entwickelt, das ich mir aus eigener Kraft erarbeitet habe und in dem ich mich geschützt fühle – auch vor den Problemen, mit denen ich in der Zeit vor meiner Abreise zu kämpfen hatte. Ist Florian nicht auch ein Teil dieser Probleme gewesen? Riskiere ich etwa, dass mit ihm alles hierherkommt, was ich eigentlich hinter mir lassen wollte?

Und dann ist da noch die Geschichte mit Alessandro. Seit der Hochzeit seiner Cousine hatte ich zwar nur noch sporadischen Kontakt mit ihm – wobei mich die Zurückhaltung, mit der er auf meine gelegentlichen Nachrichten antwortet, schmerzhaft an Francescas Worte erinnert: „Freundschaft zwischen einem Mann und einer Frau? – Nicht bei uns in Italien!" Was mir damals noch reichlich klischeehaft erschien, erfahre ich nun tatsächlich am eigenen Leib.

Ich würde mich selbst belügen, wollte ich mir einreden, dass ich Alessandros Werben um meine Gunst nicht genossen hätte. Dabei habe ich den Gedanken an Florian manchmal beiseitegeschoben, als wäre mein Verlobter nur ein lästiges Hindernis auf meinem gerade erst eingeschlagenen Weg zu Erfüllung, Freude und Selbstverwirklichung. Doch dann ist mir klar geworden, dass ich Florian vermisse. Immer öfter habe ich mich dabei ertappt, dass ich daran dachte, wie gern ich ihn jetzt um mich hätte. Italien ist das Land des überbordenden Temperaments und der hemmungslosen Theatralik, das Land, in dem auf ausufernde, emotionale Reden meist spärliche Taten folgen, in dem stets das Größte versprochen und dann das Wenigste eingehalten wird, sodass es regelmäßig der angeborenen Improvisationskunst seiner Bewohner bedarf, um sich über den Tag zu retten. Vielleicht musste ich gerade dorthin ziehen, um zu erkennen, wie sehr ich das „Deutsche" an Florian schätze: seine Zuverlässigkeit, seine Unaufgeregtheit, seine Ehrlichkeit.

Und genau deshalb plagt mich jetzt ein schlechtes Gewissen wegen meines ausdauernden Flirts mit Alessandro. So richtig aufrichtig habe ich mich da nicht verhalten, beiden Männern gegenüber. Andererseits: Es ist ja nichts passiert. Und genau genommen habe ich meinem *fidanzato* nichts Wesentliches verschwiegen, denn ich habe Alessandro bei einem Telefongespräch mit Florian sogar einmal erwähnt. Ganz am Anfang, nach meinem Besuch in der Kaffeerösterei. Kurz. Glaube ich. Also ist doch eigentlich alles in Ordnung, oder?

Als der große Tag endlich gekommen ist, hole ich Florian vom Bahnhof in Peschiera ab. Während ich auf die Einfahrt des Zuges aus Verona warte, werde ich mit jeder Minute nervöser. Ich habe Angst vor einer ungelenken, verkrampften Begrüßung und davor, dass wir vielleicht nicht wissen, wie wir nach den vielen Monaten, die wir getrennt waren, miteinander umgehen sollen.

Dann kommt der Zug – er hat nur fünf qualvolle Minuten Verspätung – und alles ist plötzlich ganz einfach: Wir umarmen uns mit wohltuender Selbstverständlichkeit, Florian erzählt mir ein paar witzige Episoden aus dem Sechserabteil, in dem er über den Brenner gereist ist. Als wir seinen Koffer in mein Auto verfrachtet haben und auf dem Weg nach Lazise sind, berichtet er mir voller Vorfreude von seinen Plänen für die nächsten Wochen. Er hat sich wirklich einiges vorgenommen: Ganz oben auf seiner Liste steht der Kurs im „Istituto Linguistico", außerdem will er Vespa fahren, einen italienischen *barbiere* besuchen – eine sehr gute Idee, wie ich finde, denn dass ihm ein neuer Haarschnitt guttäte, habe ich mir im Stillen bereits auf dem Bahnsteig gedacht – und trotz der fortgeschrittenen Jahreszeit möchte er unbedingt noch mindestens einmal im See schwimmen.

Florian meint, dass ihm seine Beschäftigung mit der italienischen Sprache schon zu Hause so viel Freude gemacht habe, dass er nun motiviert sei, „den Italiener in sich" zu entdecken. Ich verkneife mir die Bemerkung, dass ich gerade erst den Deutschen in ihm zu schätzen gelernt habe – doch ein bisschen *italianità* hat schließlich noch niemandem geschadet, und seine lobenswerten germanischen Tugenden wird Florian deswegen ja nicht gleich komplett zu den Akten legen.

Zuerst fahren wir zu der *signora*, bei der Florian sein Zimmer gemietet hat. Sie trägt eine dicke Brille, ist ein wenig schwerhörig, wirkt auf den ersten Blick sehr nett und versichert mir mehrmals, dass es meinem *fidanzato* bei ihr an nichts fehlen werde. Die *camera*, die sie uns dann zeigt, ist zweckmäßig ausgestattet, die Einrichtung des winzigen Badezimmers versprüht den Charme der Siebzigerjahre. Florian scheint mit all dem vollauf zufrieden, doch richtig einziehen will er erst später. Zuerst spazieren wir zur Uferpromenade, und ich zeige ihm „mein" Lazise. Wir gehen bei Gipis Bar vorbei, dann zum *alimentari*, wo Florian von Cristina so herzlich gedrückt und geküsst wird, als wäre er ihr lange verschollener leiblicher Sohn.

„*Stella*, was für ein schöner Mann!", stellt sie voller Begeisterung fest, als sie sich wieder mir zuwendet. Und beeindruckt von der höflich-zurückhaltenden Art, mit der er sich vorgestellt hat, flüstert sie mir noch zu: „*E ben educato!*" Stimmt, gut erzogen ist er.

Schließlich zeige ich Florian, wie ich wohne, und stelle ihn bei dieser Gelegenheit auch gleich Francesca vor. Sie fragt, ob er schon Pläne für seine Zeit am Gardasee habe, und er gibt sich alle Mühe, ihr trotz seines begrenzten Wortschatzes seine To-Do-Liste zu erläutern. Als er beim Punkt „Vespa fahren" angekommen ist, sind sich die beiden schnell darüber einig, dass Francesca Florian bald eine Fahrstunde auf ihrem *scooter* geben wird. Doch morgen werde ich ihn erst einmal ins „Istituto Linguistico" begleiten, wo ich einen Termin mit Professore Antonio Moratti vereinbart habe.

„Bist du dir sicher, dass die Adresse stimmt?"

Florian blickt skeptisch durch die Stäbe des hohen Eisentors. Dahinter befindet sich ein großer, recht gepflegter Garten, durch den mehrere schmale Wege zu den Eingängen der verschiedenen Gebäude in der Anlage führen. Wäscheleinen vor den Balkonen, Spielzeug auf dem Rasen – das sieht tatsächlich nicht gerade wie ein Schulgebäude aus.

„Natürlich bin ich mir sicher. Außerdem steht es hier schwarz auf weiß." Ich deute auf eines der unzähligen Klingelschilder neben dem Tor. „Istituto Linguistico."

Nachdem ich auf den dazugehörigen Knopf gedrückt habe, ertönt aus dem kleinen Lautsprecher eine Frauenstimme. Ich erkläre, dass wir einen Termin mit Professore Moratti haben, und sofort öffnet sich das Schloss des Tores mit einem kurzen, lauten Summen.

Wenig später sitzen wir im „Istituto Linguistico". Ich hatte es mir, ehrlich gesagt, etwas größer vorgestellt. Mit mehreren Räumen, vielleicht sogar einer Sekretärin und einem Direktor. Immerhin: Der Direktor, Professore Antonio Moratti, sitzt uns im Augenblick gegenüber. Nur dass er auch die Sekretärin zu sein scheint sowie natürlich der beste – und einzige – Lehrer des Instituts.

Das „Istituto Lingustico" ist etwa zwölf Quadratmeter groß und befindet sich direkt hinter dem Badezimmer, in dem sich Antonios Frau – die Dame von der Sprechanlage – gerade die Haare föhnt. Wir sitzen auf drei verschiedenen Bürostühlen in einem Raum, der mit einem Bücherregal, einem Schreibtisch und ein paar Fotos an der Wand wie ein gewöhnliches Arbeitszimmer aussieht. Der Professore ist ein stattlicher Mann mit Halbglatze, seine verbliebenen Haare sind ganz weiß ebenso wie sein lustiger Schnurrbart. Antonio spricht deutsch – er unterrichtet auch Italiener, die es lernen wollen. Das ist für Florian natürlich optimal.

Der Professore hat uns sehr freundlich begrüßt, uns dann in sein Büro gebeten und von seiner Arbeit berichtet, als sei es vollkommen selbstverständlich, eine Sprachschule in einem privaten Appartement zu betreiben. Für ihn ist es das offenbar. Und Florian hat mich zwischendurch angegrinst und mit den Schultern gezuckt, als wollte er sagen:

„Nun, das ist doch mal was anderes!"

Die zweite Schülerin, die sich für den *corso speciale* angemeldet habe, sei eine seit zwei Jahren mit einem Italiener verheiratete Deutsche, erklärt Antonio, während er in seinem Kalender blättert, in den er die Kurstermine – zwei mal zwei Stunden pro Woche – bereits eingetragen hat. Genau wie Florian sei sie als Anfängerin mit Vorkenntnissen einzustufen. Zu dritt werde man bestimmt schnell Fortschritte machen, davon ist Professore Moratti überzeugt.

„Ich hoffe nur, der schneidet mir die Haare nicht zu kurz."

Florian ist ein wenig aufgeregt, als wir beim *barbiere* sitzen und darauf warten, dass er an die Reihe kommt. Zu Giorgio und Paola, dem Geschwisterpaar, bei dem ich mir vor der Hochzeit die Haare richten ließ, konnten wir nicht gehen, denn in Italien wird das Friseurhandwerk noch beinahe überall nach Geschlechtern getrennt ausgeführt. Damenfriseure schneiden in der Regel keine Männerhaare – und der *barbiere*, bei dem sich die Herren das Kopfhaar stutzen und den Bart rasieren lassen, duldet Frauen nur dann in seinem Salon, wenn sie – wie ich heute – als Begleitung ihrer nervösen Freunde oder Ehemänner fungieren.

Der Salon, für den wir uns entschieden haben, heißt „Renzo & Roberto", nach den beiden Brüdern – schon wieder ein Geschwisterpaar! –, die ihn betreiben. Ich habe Florian versprochen, mitzukommen und helfend einzuschreiten, falls seine Sprachfähigkeiten nicht ausreichen sollten, um den *barbiere* zu instruieren.

Doch kaum hat er sich zu Renzo auf den Stuhl gesetzt und den unvermeidlichen Umhang angelegt bekommen, stellt der Friseur klar, dass er völlig im Bilde darüber ist, was meinen Verlobten umtreibt. In ziemlich holprigem Deutsch fragt er:

„Nicht zu kurz?"

In diesem Augenblick weicht sämtliche Anspannung aus Florians Gesicht. Mit einem Mal scheint er sich bei Renzo bestens aufgehoben zu fühlen.

„*Sì, grazie!*", stößt er mit einem eifrigen Nicken hervor, dann dreht er sich zu mir um und hebt lächelnd den Daumen.

Die Sportzeitungen auf dem Tisch interessieren mich nicht besonders – also verwickle ich Renzo und Roberto in ein Gespräch, während Florian sorgfältig verschönert wird. Ihr Vater, so erzählen sie, war noch Fischer am Gardasee. Doch davon kann heutzutage kaum noch jemand leben – also haben sie sich für eine andere Berufslaufbahn entschieden.

Das Geschäft laufe ganz gut, nicht nur mit den Einheimischen, sondern auch mit den Touristen. Wobei es bei den Ausländern durchaus einen Unterschied mache, woher sie stammten. Die Niederländer zum Beispiel kämen oft in den Salon und würden nach einem schnellen Blick auf die Preisliste sofort wieder verschwinden. Die Deutschen aber wüssten gute Arbeit durchaus zu schätzen und ließen sie sich auch etwas kosten. Nur seien sie beim ersten Mal oft ziemlich nervös, dann müsse man ihnen erst einmal die Angst nehmen.

„Ich habe da einen ganz einfachen Weg gefunden", sagt Renzo, während er Florians Haare abschließend mit etwas Gel in Form bringt. Ich sehe meinem Verlobten jetzt schon an, dass er ganz hingerissen von seinem neuen Look ist. Meinem Gespräch mit dem *barbiere* folgt er schon lange nicht mehr. „Ich habe aufgepasst und festgestellt, dass die Deutschen, wenn sie sich hierhersetzen, immer dieselben drei Worte wiederholen", fährt Renzo fort. „Inzwischen mache ich es so, dass ich diese Worte gleich am Anfang zu ihnen sage. Ich weiß nicht, was sie bedeuten, aber sie scheinen den Deutschen die Angst zu nehmen. *È un miracolo*!"

„Und was sind das für Worte?", frage ich gespannt.

Renzo sieht mich an und antwortet wieder in holprigem Deutsch:

„Nicht zu kurz?"

Ich kann mich nicht beherrschen und muss laut lachen. Florian dagegen bleibt ganz ruhig und dreht sich ebenfalls zu mir um.

„Nein", stellt er zufrieden fest. „Überhaupt nicht zu kurz. So ist es genau richtig – oder was meinst du?"

In den Tagen nach dem Friseurbesuch hakt Florian zwei weitere Punkte auf seiner Liste ab:

Am eiligsten hat er es mit dem Bad im See, denn schon jetzt haben die kühlen Herbstnächte die Wassertemperatur merklich abgesenkt. Entsprechend stolz – und mit klappernden Zähnen – entsteigt Florian dann auch den Fluten am Strand von Lazise, in die er sich nur wenige Minuten zuvor mit einiger Überwindung gestürzt hat.

Dann folgt die Vespa-Fahrstunde mit Francesca, die auf dem weitläufigen Parkplatz eines nahegelegenen Supermarktes stattfindet. Meinem Verlobten fehlt jede Erfahrung mit motorbetriebenen Zweirädern – entsprechend vorsichtig geht er mit dem *motorino* um, als er es schließlich das erste Mal starten soll. Glücklicherweise ist Francesca genau die Richtige, um ihm seine Zögerlichkeit auszutreiben. In einem Gemisch aus Italienisch und Englisch erklärt sie ihm, worauf er besonders zu achten hat, und dann feuert sie ihn lautstark an:

„Forza, avanti! Don't be afraid – ce la fai! Via!"

Florian bleibt nichts anderes übrig, als es einfach zu probieren. Erst bewegt sich die Vespa gar nicht, nur der Motor heult schrill auf. Dann schießt der *scooter* plötzlich davon, und mein Verlobter – vor Schreck laut aufschreiend – mit ihm. Der weitläufige Parkplatz war als Testgelände klug gewählt! Florian schafft es, das Gefährt gerade noch rechtzeitig wieder zum Stehen zu bringen, um nicht mit dem einzigen dort geparkten Kleinwagen zu kollidieren.

„So schlecht hat er sich gar nicht angestellt!", bemerkt Francesca, als ich etwas später wieder mit ihr allein bin. Wir sitzen in der Küche, ich schäle gerade die Kartoffeln, aus denen meine Vermieterin später ihre fantastischen *gnocchi* zubereiten wird. Tatsächlich haben sich Florian und die Vespa nach den ersten Schwierigkeiten ziemlich schnell aneinander gewöhnt. Ich freue mich schon darauf, demnächst mit ihm gemeinsam eine Runde auf Francescas *motorino* zu drehen.

„Wie geht es dir eigentlich so mit ihm?", fragt Francesca dann ganz unvermittelt. „Du warst doch ganz schön nervös, bevor er hergekommen ist, *vero*?"

„Und ob!", antworte ich. „Aber jetzt ist alles viel einfacher, als ich befürchtet hatte. Wir gehen erfrischend normal miteinander um. Und ich freue mich darüber, dass Florian auf einmal so locker und entspannt ist. Ich glaube, er genießt es wirklich, hier zu sein. Ich habe das Gefühl, es hat uns beiden ganz gutgetan, mal eine Weile ohne den anderen auskommen zu müssen. Aber was die Zukunft angeht – wir hatten da zuletzt doch sehr unterschiedliche Vorstellungen. Und für dieses Problem weiß ich leider noch immer keine Lösung."

„Also eines kann ich dir jedenfalls sagen", meint Francesca, während sie Wasser in den Kochtopf laufen lässt, „wenn man euch beide so miteinander sieht ... Ihr seid ein schönes Paar!"

„Der Unterricht ist ...", Florian sucht einige Sekunden lang nach der passenden Vokabel, „... ungewöhnlich. Ja, so könnte man es sagen. Keineswegs schlecht, wahrscheinlich sein Geld wert – aber etwas ungewöhnlich."

Heute war der erste Kurstermin, ich habe meinen Verlobten soeben vom „Istituto Linguistico" abgeholt. Die Straße zwischen Cavaion und Lazise schlängelt sich durch das wunderschöne Dörfchen Calmasino und dann vorbei an Olivenhainen und Weinbergen, hinter denen immer wieder der tiefblaue See hervorscheint.

Florian erzählt mir, dass es bei Professore Moratti vieles nicht gebe, womit er – ausgehend von seinen bisherigen Erfahrungen mit Sprachkursen – gerechnet habe: Arbeitsblätter mit Verbtabellen und Konjugationen, Erläuterungen zu grammatikalischen Besonderheiten oder die systematische Bearbeitung von Lektionstexten. Systematisch sei der Unterricht ohnehin nicht, im „Istituto Linguistico" gehe es insgesamt eher spontan zu.

„Die meiste Zeit haben wir uns Bildergeschichten angesehen. Antonio hat uns gefragt, was wir da erkennen können, und wir sollten ihm das dann so gut es ging auf Italienisch erzählen. Allzu viel habe ich nicht zustande gebracht, aber der Professore war schon ganz begeistert davon, dass ich wusste, was ‚Hund' heißt. Oder ‚Tisch' ... Na ja, und dann hat er uns erklärt, wie man all die anderen Dinge auf den Bildern nennt und was die Leute in den Geschichten tun. Wenn wir etwas nicht gleich verstehen, führt er es pantomimisch vor. Nur einmal hat Antonio etwas aufgeschrieben. Drei Worte auf ein Blatt Papier, die hat er dann so oft umkringelt und unterstrichen, dass man am Ende gar nichts mehr lesen konnte. Ich habe keine Ahnung, um was es ihm dabei ging – es war wohl irgendein Grammatikproblem. Aber immerhin habe ich in den letzten zwei Stunden mehr Italienisch gesprochen als in meinem ganzen bisherigen Leben. Und genau darauf kommt es mir ja an! Die Theorie kann ich mir auch aus meinen Büchern holen."

Florians Mitschülerin, die wegen ihres italienischen Ehemannes an den Gardasee gezogen ist, heißt Daniela, ist Mitte vierzig und, was das Sprachenlernen betrifft, offenbar nicht besonders motiviert.

„Sie hat so eine Steilfalte auf der Stirn", erklärt Florian. „Die ist während der Unterrichtszeit immer tiefer geworden. Ehrlich gesagt: Daniela ist auch nicht besonders begabt. Aber ihr Mann möchte, dass sie seine Sprache endlich besser lernt.

Kann ich verstehen. Mich würde es auf die Dauer auch nerven, wenn mir meine Frau ihre Pläne für den Tag mit Sätzen wie ‚Ich mache geputzt die Küche' beschreibt ..."

Daniela scheint mit Antonios unkonventionellen Methoden größere Probleme zu haben als Florian.

„Ich hoffe nur, dass sie nicht abspringt", seufzt er, als wir in Lazise aus dem Auto steigen. „Es wäre wirklich schade, wenn der Kurs deswegen platzen würde."

Der Herbst macht sich im Laufe des Oktobers deutlich bemerkbar. Die Luft ist jetzt kühler und trockener, und das gegenüberliegende Seeufer, das im sommerlichen Dunst oft nur schemenhaft zu erkennen war, ist wieder klar und deutlich zu sehen. Die Sonnenuntergänge über dem Wasser sind nun besonders spektakulär, auch wenn es danach schon empfindlich kalt werden kann.

Außerdem mehren sich zu dieser Jahreszeit die grauen und verregneten Tage. Doch auch diese bergen ihre Überraschungen – so erlebt Florian eindrücklich, was italienischer Aberglaube bedeutet:

Wir sind im *alimentari*, draußen schüttet es immer heftiger, sodass wir uns noch ein wenig im Laden unterstellen.

„*Oggi piove a catinelle!* Das gießt ja wie aus Eimern!", verkündet Cristina nach einem prüfenden Blick durchs Schaufenster. Sie bemitleidet uns, weil wir an einem solchen Tag aus dem Haus gehen mussten und nur einen winzigen Regenschirm dabei haben.

„Bringt der überhaupt was?", fragt sie skeptisch.

Und dann tut Florian das Unfassbare: Um Cristina zu zeigen, dass unser Schirm durchaus funktioniert, öffnet er ihn – in einem geschlossenen Raum! Noch bevor er die Bewegung vollendet hat, schreit Cristina entsetzt auf – „*No, non aprirlo!* Bloß nicht aufmachen!" – und ich tue es ihr gleich. Im Unterschied zu Florian weiß ich nämlich, dass er gerade dabei ist, alle Personen im Raum ins Unglück zu stürzen. Davon sind jedenfalls die meisten Italiener zutiefst überzeugt. Genauso wie davon, dass man niemals spitze Gegenstände verschenken oder unter einer Leiter hindurchgehen sollte und dass es ein fürchterliches Omen ist, wenn jemand an einem 17. Geburtstag hat.

Leider hat Florian von all dem keinen blassen Schimmer, und auch unser hysterisches Gebrüll hält ihn nicht davon ab, den Schirm zur Gänze zu öffnen. Erst dann bemerkt er, dass er offenbar irgendetwas falsch gemacht hat, und klappt den Unglücksbringer erstaunt wieder zu. Zu spät!

„*Che pasticcio* – welch ein Schlamassel!", klagt Cristina, während sie hektisch nach einer Möglichkeit sucht, das Schicksal doch noch milde zu stimmen. Schließlich nimmt sie ein Ein-Cent-Stück aus der Kasse, küsst es dreimal, fordert mich auf, es ihr gleich zu tun und steckt das Geldstück dann meinem fassungslos dreinblickenden Verlobten in die Hosentasche.

„Du musst das jetzt immer bei dir tragen", befiehlt sie ihm mit erhobenem Zeigefinger. Florian nickt kleinlaut, er hat die Tragweite seiner Verfehlung inzwischen erkannt. Daraufhin lächelt Cristina dann doch wieder und tätschelt ihm die Wange.

„Mach' dir nichts draus, *poverino*! Du musst eben noch ein bisschen was lernen."

Am Sprachkurs mit Antonio und Daniela hat Florian sehr viel Freude. Immer wieder erzählt er mir begeistert von den ungewöhnlichen Methoden des Professore, der seine beiden Schüler zwischendurch auch einmal Improvisationstheater aufführen lässt, um deren Kommunikationsfähigkeit zu fördern.

„Er sagt: ‚Daniela, du möchtest heute unbedingt ins Theater gehen. Florian ist dein *marito*, und er hat dir versprochen mitzukommen. Aber du', und dann schaut er mich mit großen Augen an, ‚du hast überhaupt keine Lust, *capito*? Du willst lieber mit deinen Freunden in die *bar*, um anzuschauen die *partita*. Aber natürlich darf deine Frau gar nix wissen davon ... *Allora, comminciate*!'"

Und dann sollen die beiden die Szene auf Italienisch vorführen, wobei ihnen Antonio immer wieder mit den richtigen Worten auf die Sprünge hilft. Ob die Vorlagen für seine Szenen aus Antonios eigenem Alltag stammen, kann mir Florian nicht sagen. Vielleicht stellt er sich auch das Eheleben von Daniela und ihrem Mann vor und versucht, seiner Schülerin das sprachliche Rüstzeug für ihren Alltag zu verschaffen.

Allerdings ist Florian noch immer mit weitaus mehr Eifer bei der Sache als Daniela. Er kann sich außerdem köstlich über Antonios phantasievolle Ausdrucksweise in der deutschen Sprache amüsieren: Wenn etwas unkompliziert ist, dann funktioniert es für den Professore „ohne Trick", dafür aber „mitte die Sensatione" – also mit Gefühl. Und ist die Unterrichtszeit abgelaufen, lässt sich Antonio erschöpft in seinen Bürostuhl fallen, wobei er ausruft:

„Iste genug, wenn iste vorbei!"

Daniela kann all dem nicht viel Positives abgewinnen. Sie quält sich durch die Stunden und macht kaum Fortschritte – bis sich in der dritten Unterrichtswoche plötzlich alles von Grund auf ändert. Nicht, dass Florians Mitschülerin auf einmal ihr Sprachtalent entdeckt hätte. Aber sie profitiert davon, dass Antonio den Lehrplan spontan um ein ungewöhnliches Element erweitert: Weinproben.

Der Professore ist gerade dabei, sich einen neuen Hauswein für die Herbst- und Wintersaison zuzulegen, weshalb eines Tages bei Unterrichtsbeginn zufällig noch mehrere angebrochene Flaschen auf dem Tisch stehen. Daniela ist sofort in ihrem Element.

„Die Steilfalte auf ihrer Stirn war plötzlich weg – sie war wie ausgewechselt", erzählt Florian, als ich ihn nach dem Unterricht abhole. Seine Augen sind glasig, und wenn ich mich nicht täusche, hat er auf dem Weg zu meinem Wagen ein bisschen geschwankt. „Plötzlich ging es nur noch um Geschmacksnuancen, Weingüter und Flaschenpreise. Und wir mussten ein Glas nach dem anderen probieren ..."

Alkohol am Nachmittag, daran ist Florian nicht gewöhnt. Diesmal war *er* es, der das Ende der Lektion herbeisehnte – und weil Antonio und Daniela so viel Spaß hatten, geht es in der nächsten Woche genau so weiter. Schließlich kann man bei einem Gläschen *vino bianco* besonders gut Konversation betreiben.

„Ich will den beiden ja den Spaß nicht verderben, aber ich vertrage das tagsüber ziemlich schlecht. Und außerdem kenne ich mich mit Wein gar nicht aus. Ich habe dazu einfach nicht viel zu sagen", klagt mir Florian sein Leid.

„Was den letzten Punkt betrifft, kann ich dir helfen", antworte ich – schließlich habe ich mir bei meinen Recherchen im Valpolicella solides Grundwissen über die Welt der italienischen Weine verschafft. Damit kann ich Florian so weit ins Bild setzen, dass er in der nächsten Unterrichtsstunde im „Istituto Linguistico" etwas mehr zu sagen haben wird. Und den praktischen Teil meines kleinen Einführungsseminars absolvieren wir dann schließlich auf dem Weingut bei Colà, das ich mit meiner ersten Busgruppe besucht habe.

Wir nehmen die Vespa, die uns Francesca für diesen kleinen Ausflug gern leiht. Florian ist nach seinem Schnellkurs bereits erstaunlich sicher mit dem *motorino* unterwegs – und wir beide genießen die Fahrt vorbei an prächtigen Landgütern und riesigen, mit schier endlosen Reihen von Rebstöcken bepflanzten Feldern. Im Gepäckfach haben wir unsere Badesachen verstaut, denn in Colà wollen wir auch die Villa dei

Cedri besuchen – einen Palazzo mit Park aus dem 18. Jahrhundert, der zu einem Thermalbad umfunktioniert wurde, nachdem man 1989 in knapp 200 Metern Tiefe heiße Quellen entdeckt hatte.

Auf dem Weingut nimmt sich Fabio Vincenzi – einer der beiden Brüder, die den Betrieb leiten – die Zeit, Florian ein wenig herumzuführen und ihm die wichtigsten Stationen der Weinherstellung zu zeigen. Dann probieren wir natürlich auch ein bisschen und nehmen schließlich ein paar Flaschen mit. Eine davon wird Florian zur nächsten Sitzung bei Professore Antonio begleiten.

Das Thermalbad der Villa dei Cedri besteht aus zwei künstlichen Seen, die in eine weitläufige Parkanlage eingebettet sind. Der dazugehörige Palazzo wurde zum Spa-Hotel umfunktioniert, der riesige ehemalige Wintergarten beherbergt alles, was die Tagesgäste brauchen: Umkleidekabinen, Selbstbedienungsrestaurant und beheizten Liegebereich.

Auf dem Weg dorthin amüsieren wir uns über die Schilder, auf denen die zahlreichen Ge- und Verbote für die Parkbesucher aufgelistet sind. Unter anderem wird explizit darauf hingewiesen, dass das Thermalbad nicht der richtige Ort für „amouröse Aktivitäten" sei.

Wie ernst es den Betreibern mit diesem Verbot ist, merken wir, als wir uns etwas später im wohltemperierten Nass tummeln. Die Abenddämmerung ist bereits hereingebrochen, wir lehnen am Rand eines der beiden Becken, in denen mit 39 Grad die höchste Wassertemperatur herrscht. Es ist einfach herrlich! Man atmet unter freiem Himmel die kühle Abendluft und fühlt sich gleichzeitig wohlig-entspannt und geborgen.

„Hier gehe ich nie wieder raus", seufze ich entzückt.

Florian deutet auf einen mehrsprachigen Hinweis, der über dem Becken angebracht ist.

„Man soll aber nicht länger als zehn Minuten drinbleiben",

erklärt er mit ernster Miene. „Sonst riskiert man Kreislaufprobleme."

„Soso. Und was willst du tun, wenn ich mich weigere?"

„Dann müsste ich zum Schutz deiner Gesundheit rabiate Mittel einsetzen", lacht Florian und deutet eine Umklammerung an, wie sie ein Rettungsschwimmer vornimmt, wenn jemand zu ertrinken droht. Da ertönt plötzlich aus einigen Metern Entfernung ein Pfiff und dann eine laute Stimme:

„Eh, questo non è permesso! Und po' di distanza, per favore!"

Wir sehen uns erstaunt um und erkennen im spärlichen Abendlicht einen Mann, der wie ein Bademeister gekleidet ist und mit beiden Händen in der Luft herumfuchtelt, während er uns streng auffordert, gefälligst wieder den vorgeschriebenen Mindestabstand einzuhalten. Offenbar haben wir mit unserer harmlosen Herumtollerei die Anstandspolizei auf den Plan gerufen!

„Scusi!", ruft Florian, und wir nehmen sofort eine unverfängliche Haltung ein. Dann müssen wir beide lachen.

„Wie konnte das denn passieren?", frage ich Florian schließlich mit gespielter Empörung. „Hast du die hier geltenden Vorschriften etwa nicht genauestens studiert?"

Novembre

„Du warst noch nie im Gardaland? Nicht mal als Kind?“

Ich sitze mit Florian in Gipis Bar. Gerade schwelgte ich in Erinnerungen an aufregende Stunden im größten Freizeitpark Italiens – bis mein *fidanzato* etwas kleinlaut anmerkte, dass er noch nie dort war.

„Das müssen wir nachholen“, steht für mich sofort fest. Ich brauche sowieso noch ein Geburtstagsgeschenk für Florian, also werde ich ihn einladen.

Für seine Vergnügungspark-Premiere einigen wir uns auf den Tag nach Allerheiligen, in der Annahme, dass wir uns um diese Jahreszeit und bei eher durchwachsenem Wetter nicht durch Massen von Besuchern zu den Attraktionen drängeln müssten. Florian ist zwar eigentlich nicht der Typ „Draufgänger“, kündigt jedoch großspurig eine Fahrt mit einer der furchterregenden Achterbahnen an. Was mich betrifft: Ich werde eine Zeitreise in meine Kindheit unternehmen, als mich das märchenhafte „Zwergenland“ verzauberte und ich mir nichts sehnlicher wünschte, als noch eine Runde auf dem großen Jahrmarktskarussell zu drehen.

Doch aus unserem entspannten Nostalgie-Trip wird leider nichts. Uns ist entgangen, dass italienische Schüler an Allerseelen frei haben, und auch von den „Halloween“-Thementagen, die das „Gardaland“ Anfang November veranstaltet, haben wir nichts geahnt.

Schon auf dem Weg vom Parkplatz zum Eingang beäugen wir misstrauisch die vielen italienischen Familien, die gleichzeitig mit uns eintreffen. Im Park erwartet uns dann ein Trubel, der dem der Hochsaison wohl in kaum etwas nachsteht: Leuchtende Augen und aufgekratzte Kinder überall, und die Eltern sichtbar hin- und hergerissen zwischen ihrer Rolle als Begleiter der lieben Kleinen sowie dem Wunsch nach der Erfüllung eigener Sehnsüchte, nach Abenteuer und Nervenkitzel.

An jeder Ecke warten Hexen, Zombies und andere schauerliche Kreaturen, aus allen Himmelsrichtungen dröhnt laute Musik. Nach Vergnügen sieht das auf den ersten Blick nicht aus. Jedenfalls nicht für Menschen, die Halloween wenig Positives abgewinnen können – und zu denen zählen Florian und ich definitiv.

Wir steuern sogleich den Kinderbereich an – in der Hoffnung, dass es dort etwas gemächlicher zugehen wird. Doch auch zwischen „Doremifarm" und „Prezzemolo Land" drängen sich die Leute, und der Lautstärkepegel erreicht hier ebenfalls ungeahnte Höhen. Außerdem wird mir bald klar, wie sehr sich der Park, der bereits 1975 eröffnet wurde, seit meiner Kindheit gewandelt hat. Enttäuscht muss ich feststellen, dass es das „Zwergenland" nicht mehr gibt. Dafür finde ich das „Tal der Könige" wieder und erinnere mich, dass mich die Reise ins Alte Ägypten, die man mit dieser Bahn unternimmt, früher sehr begeistert hat. Kurz entschlossen stellen wir uns in die Schlange – es scheint ja doch noch etwas zu werden mit meinem Nostalgie-Trip!

Zu früh gefreut: Als wir die Attraktion eine knappe Stunde später verlassen, sehe ich noch immer überall Lichtblitze in grellen Farben, und Geräusche dringen nur sehr gedämpft durch meine betäubten Ohren. Was ich als entspannte Fahrt mit leichtem Gruselfaktor durch altägyptische Gräber und Katakomben gekannt habe, heißt nun „Ramses: Il Risveglio – Ramses: Die Wiederauferstehung" und ist ein actiongeladener, von ohrenbetäubender Technomusik untermalter Ritt, bei dem man als Passagier mit einer Laserpistole reaktionsschnell hektisch blinkende Lichtpunkte zwischen den Augen der reihenweise zum Leben erwachenden Mumien und Skelettkrieger abschießen soll. Hätte ich nicht die vielen italienischen Familienväter gesehen, die bei all dem jede Menge Spaß zu haben schienen, würde ich glauben, ich sei ganz einfach zu alt für so etwas. Was hat sich eigentlich in den letzten zwanzig Jahren mehr verändert – das „Gardaland" oder ich?

Zum Glück finden wir dann doch noch ein paar unversehrte Relikte aus vergangenen Zeiten – und falls es Florian peinlich ist, neben mir im Sattel eines pinkfarbenen Ponys Kinderkarussell zu fahren, dann verbirgt er das hervorragend. Auch in den riesigen Kaffeetassen, die man ganz klassisch mit der eigenen Muskelkraft zum Rotieren bringt, amüsiert er sich prächtig. Doch das alles ist für ihn ja nur das Vorspiel zum ganz großen Abenteuer: der Fahrt mit einem der Achterbahn-Flaggschiffe des Parks.

Beim Anblick des „Raptor" oder des „Blue Tornado" wird Florian zwar merklich blass, doch ausreden kann ich ihm sein Vorhaben nicht. Vielleicht hält er es für einen Beweis seiner Männlichkeit, wenn er sich überwindet und in so ein Folterinstrument steigt. Außerdem ist er der Meinung, dass er für das üppige Eintrittsgeld, das ich bezahlt habe, nicht nur Karussell fahren dürfe. So etwas sei ökonomisch unvernünftig, verkündet mein Verlobter, was mich wieder daran erinnert, dass es manchmal ganz schön anstrengend werden kann, „deutsch" zu sein.

„Schau mal, wer sich da alles anstellt: Jugendliche, sogar Kinder! *So* schlimm kann das dann ja wohl nicht sein", stellt Florian mit brüchiger Stimme fest, bevor er sich in die Schlange vor dem „Blue Tornado" einreiht, einer Achterbahn, in der die Passagiere unter der Schiene hängen, sodass ihre Füße frei in der Luft baumeln. Hier ist keine Halloween-Deko vonnöten, das Gefährt jagt mir auch so einen Schauer über den Rücken – ich würde da niemals einsteigen! Als geschätzte Wartezeit wird eine Stunde angezeigt. Ob Florian seine mutigen fünf Minuten so lange ausdehnen kann?

Bis mein Verlobter zurück ist, würde ich mir gern ein ruhiges Plätzchen suchen, einen Ort, an dem ich nicht ständig angerempelt werde oder jemandem ausweichen muss, wo nichts blinkt, hupt und quietscht, wo mich keine grellbunten Farben anschreien. Doch ich weiß inzwischen, dass ich so etwas hier und heute nicht finden werde. Vergnügungsparks sind nun mal keine Entspannungsoasen, und in Italien sind sie das erst recht nicht.

Ein Unterhaltungsprogramm, das hier Erfolg haben will, muss auf das Publikum einprasseln wie ein pausenloses Feuerwerk, muss ununterbrochen laut und bunt sein. Flacher Klamauk, Emotionalität bis weit über die Kitschgrenze hinaus – alles kein Problem. Aber *ein* Moment der Stille – und die Aufmerksamkeit der Zuschauer ist weg.

Wie oft habe ich mich schon verzweifelt durch die Kanäle des frei empfangbaren italienischen Fernsehens gezappt: durch Talkshows, die wie Wrestlingkämpfe inszeniert werden und bei denen grundsätzlich alle Gäste und der Gastgeber gleichzeitig reden – natürlich möglichst laut und schnell, um die anderen zu übertönen –, durch Nachrichtensendungen, in denen sensationsgierige Reporter genüsslich jedes Detail des jüngsten Familiendramas in irgendeinem süditalienischen Provinznest sezieren, durch Quizsendungen, deren Regelwerk undurchschaubar bleibt, die dafür aber alle paar Minuten durch eine Lichtshow oder den Auftritt einer leicht bekleideten Dame unterbrochen werden, durch nostalgische Revuen, die als Andenken an einen der vielen italienischen Schlagerstars der Sechziger- und Siebzigerjahre veranstaltet werden und bei denen gestandene Männer im Angesicht von verwackelten Filmaufnahmen der Helden ihrer Jugend bittere Tränen vergießen?

Nur keine Langeweile! – Das ist die Devise für jeden, der in Italien Erfolg haben will – nicht nur in der Unterhaltungsbranche, sondern auch in der Politik oder im Supermarkt. Und „Langeweile“ droht bereits dann auszubrechen, wenn nicht schon der Parkplatz eines Konsumtempels mit hämmernden Discoklängen beschallt wird, wenn ein Experte in einer Nachrichtensendung eine politische Entwicklung besonnen – und ohne zu schreien – einordnet, wenn sich jemand für ein Amt zur Wahl stellt, der vielleicht kompetent ist, aber keinerlei Entertainment-Qualitäten besitzt und – Gott bewahre! – nicht besonders gut aussieht. Vor allem für weibliche Bewerber ist Letzteres ein gnadenloser Karrierekiller, aber auch männliche Politiker wie der fleißige und sympathische, aber leider völlig farblose Ex-Ministerpräsident Enrico Letta können ein Lied davon singen.

So gesehen ist die Reizüberflutung, die ich im „Gardaland“ erlebe, keine Überraschung. Doch sie zerrt an meinen Nerven, so wie das Gedudel auf dem Supermarktparkplatz, der endlose knallbunte „Kindergeburtstag“ im Fernsehen und die Clownereien im italienischen Politikbetrieb. Was diese Dinge betrifft, bin ich nun mal eine unverbesserliche Deutsche.

Florian hat seine Achterbahnfahrt inzwischen hinter sich und kommt mit wackligen Knien auf mich zu. Sein Gesicht hat ein zartes Blassgrün angenommen, doch er lacht mich schon aus der Ferne an, stolz, sich überwunden zu haben.

„Das Schlangestehen hat sich schon ziemlich gezogen“, erzählt er. „Ich war echt aufgeregt. Dann noch dieser Sicherheitsbügel, der dich gnadenlos in deinen Sitz presst. Da wird dir klar: Jetzt kommst du hier nicht mehr raus! Schließlich ist die Bahn ganz langsam die steile Rampe hochgefahren. Zuerst war ich fix und fertig. Aber ein bisschen später, kurz vor dem Scheitelpunkt, ist etwas Seltsames passiert: Der ganze Lärm aus dem Park ist immer leiser geworden, man hat eigentlich nur noch das Klappern der Bahn gehört. Da oben weht ein leichter Wind, die Sicht ist grandios. Der See, die Berge, alles breitet sich vor dir aus, wirkt ruhig und friedlich – und was unten auf dem Boden passiert, ist ganz weit weg. Wenn du mich fragst: Der beste Ort im ganzen ‚Gardaland' ist da oben, an der höchsten Stelle, wenn die Bahn fast zum Stehen kommt."

Ich umarme ihn, und wir beschließen, dass wir für heute genug haben. Nur für heute? Wahrscheinlich sogar für die nächsten zwanzig Jahre!

Für den Vorabend von Florians Abreise habe ich mir etwas ganz Besonderes überlegt: Ich überrasche ihn mit einem Ausflug nach Valeggio sul Mincio, zum Tortellini-Essen. Dieser kaum dreißig Autominuten von Lazise entfernte Ort ist berühmt für seine einzigartigen *nodi d'amore*, mehrere dort ansässige *pastifici* stellen die Spezialität in Handarbeit täglich frisch her. Neben den kleinen Klassikern mit Fleischfüllung, die traditionell in einer Brühe serviert werden, sind es vor allem die etwas größeren *tortelli*, die – gefüllt mit Gorgonzola und Birne, mit Nüssen oder Trüffel, mit Basilikum und Pinienkernen oder mit Speck – über die Ladentheke gehen und in den örtlichen Restaurants auf den Tisch kommen.

Einmal im Jahr, beim „Liebesknotenfest" im Juni, wird der Genuss der *tortellini* mit besonderem Aufwand zelebriert. Auf der zum festlichen Anlass mit parallelen, schier endlos langen Tafeln bestückten Visconti-Brücke finden an diesem speziellen Abend etwa 4000 Gäste Platz. Sie werden mit einem opulenten Menü verwöhnt, bei dem die Pastakreationen aus Valeggio natürlich die Hauptrolle spielen. Hundert Köchinnen und Köche bereiten für das Spektakel mehr als eine halbe Million *tortellini* zu, eine Armee von Kellnern arbeitet hart, um die köstliche Fracht ohne allzu große Verzögerung zu den Gästen zu bringen. Zwischendurch findet eine Parade in historischen Kostümen statt, und am Ende – gegen Mitternacht – erleuchtet ein Feuerwerk den Himmel. Die „festa del nodo d'amore" ist ein wahres *spettacolo*, und die Karten dafür sind jedes Jahr schnell ausverkauft.

Florian und ich haben es da heute etwas gemütlicher. Wir sitzen in einem der Restaurants im malerischen Ortsteil Borghetto direkt unterhalb der Visconti-Brücke, am Ufer des Mincio, der an dieser Stelle früher die Wasserräder von Mühlen und anderen Handwerksbetrieben in Gang hielt. Heute beherbergen die meisten der besonders romantisch gelegenen Häuser Borghettos Lokale, von denen viele einen ausgezeichneten Ruf bei Einheimischen wie Touristen genießen.

„*Melanzane* – das sind Auberginen, oder? *Funghi* sind Pilze, das ist klar." Fasziniert studiert Florian die Speisekarte, auf der die Füllungen der heute angebotenen *tortelli* aufgelistet sind. „Aber was heißt *zucca*?"

„Kürbis", kläre ich ihn auf. „Und *carciofi* sind ..."

„Artischocken", unterbricht mich Florian lächelnd. Er hat sich inzwischen tatsächlich einen erstaunlichen Wortschatz angeeignet. Damit er den auch zum Einsatz bringen kann, überlasse ich ihm die Bestellung. Wenig später genießen wir *tortelli di patate e stracchino* sowie *tortelli di ricotta e spinaci* und trinken dazu einen vorzüglichen Weißwein.

„Es ist wirklich wunderschön hier", sagt Florian, und damit meint er nicht nur das Lokal, sondern die Gegend rund um den Gardasee, in der ich inzwischen mehr als acht Monate verbracht habe. „Und du ... du hast dich verändert. Du wirkst glücklicher, lachst wieder mehr, bist entspannter."

„Stimmt", antworte ich, „es geht mir viel besser als noch vor einem Jahr. Auch wenn es nicht immer leicht ist, in einem fremden Land zurechtzukommen: Dieses Leben tut mir gut. Ich mag die Schönheit, die mich hier umgibt, ich mag die Sprache und das Essen, die Freundlichkeit der Menschen, das Klima. Und dann ist da noch etwas, das ich nicht genau benennen kann. Manchmal, wenn ich in meinem Zimmer sitze und arbeite oder ein Buch lese, dann weiß ich, dass ich genau das Gleiche jetzt auch in Rosenheim oder München tun könnte. Aber trotzdem fühlt es sich hier ganz anders an – und zwar weil draußen vor der Tür“ – ich deute durch das Panoramafenster des Restaurants – „*Italien* ist. Das klingt bestimmt ein bisschen seltsam, aber vielleicht kannst du es inzwischen verstehen?“

Florian nickt. Immerhin war er vier Wochen hier – und auch ihm hat diese Zeit sichtlich gutgetan.

„Ich bin selbst erstaunt darüber, dass ich so gut wie nichts vermisse“, fahre ich fort. „Bis auf meine Freundinnen und meine Familie. Und dich. Wenn ich es mir aussuchen könnte, würde ich hierbleiben, würde noch viele andere italienische Regionen erkunden – und *dich* würde ich mitnehmen.“

Florian lächelt mich traurig an. Er hat sich die Mühe gemacht, Italienisch zu lernen und sich einen Monat freigeschaufelt, um in einem kleinen und ziemlich düsteren Zimmer bei einer netten, aber manchmal auch ein wenig anstrengenden älteren Dame zu wohnen. Er ist Vespa und Achterbahn gefahren, hat nachmittags zu viel Wein getrunken, sich in Colà von einem pingeligen italienischen Bademeister zurechtweisen lassen. Und das alles, um bei mir zu sein und meine Sehnsucht zu teilen. Es steht außer Frage, dass Florian mich liebt und gern eine gemeinsame Zukunft mit mir planen würde. Aber wie soll die aussehen? Sein Leben findet in Deutschland statt, dort arbeitet er, dort hat er seine Freunde. Morgen wird er zurückfahren. Was bedeutet es für uns, wenn ich mir eine baldige Rückkehr nicht vorstellen kann?

Es sieht so aus, als hätten Florian und ich unseren eigenen *nodo d'amore* – von dem ich momentan überhaupt nicht weiß, wie wir ihn jemals lösen sollen.

Auch in den Tagen nach Florians Abreise beschäftigt mich die Frage, wie meine Zukunftspläne aussehen sollen. Bis Ende Januar habe ich mein Zimmer bei Francesca und Luis gemietet – und dann? Ich weiß es nicht. Die vergangenen Wochen mit Florian waren viel schöner als erwartet, und das macht mich froh und zugleich traurig. Ich fühle mich, als stünde ich an einer Kreuzung, und egal für welchen Weg ich mich entscheide – ich werde auf jeden Fall etwas sehr Liebgewonnenes zurücklassen müssen.

Doch glücklicherweise fehlt mir die Zeit, um gänzlich in Melancholie und Selbstmitleid zu versinken. Schließlich habe ich auch zu arbeiten! Wieder einmal steht ein Artikel zum Thema „Essen und Trinken in Europa“ an – und zwar einer, den ich schon seit Monaten plane. Diesmal geht es um Olivenöl.

Da ich ja direkt an der „Riviera degli Olivi“ wohne, hatte ich schon im Frühjahr die Idee, mich mit einem der hiesigen Olivenbauern in Verbindung zu setzen und einen Blick hinter die Kulissen der Herstellung des „flüssigen Goldes“ zu werfen. Ein Produzent aus Bardolino ging freimütig auf alle meine Fragen ein, außerdem wies er mich auf das „Museo dell' olio“ in Cisano hin, in dem jede Menge historische Gerätschaften zum Thema ausgestellt sind.

Am besten wäre es jedoch, so der Olivenbauer damals, wenn ich im November noch einmal bei ihm vorbeikommen würde. Dann bekäme ich die Möglichkeit, die wichtigsten Schritte der Ölerzeugung „live“ mitzuerleben: Ernte, Pressung und Abfüllung. Diese Gelegenheit wollte ich mir natürlich keinesfalls entgehen lassen, weshalb ich beschloss, mir den Artikel für den Spätherbst aufzusparen.

Inzwischen ist es so weit. Die Oliven am Gardasee – dem nördlichsten Anbaugebiet Europas – sind zwar nicht vollreif, doch das sollen sie für die Herstellung eines besonders hochwertigen Öls auch nicht sein. Entweder nimmt man bereits die noch gänzlich grünen Früchte vom Baum, oder man wartet, bis sie beginnen, sich rotbraun zu verfärben.

„In diesem halbreifen Zustand gewinnen wir aus ihnen ein milderes, goldfarbenes Öl, das aber noch immer viel von der Frische der grünen Oliven hat", erklärt mir der Betriebsleiter.

Vollautomatisch kann man Oliven nicht ernten, aber inzwischen kommen verschiedene Maschinen zum Einsatz, die die mühsame Arbeit erleichtern und dabei die empfindlichen Früchte und Bäume nicht verletzen. Da das Pflücken jeder einzelnen Frucht zu lange dauern würde, behalf man sich früher mit einfachen langen Stöcken, mit denen man auf die Äste schlug, sodass die Oliven in die unten ausgebreiteten Netze fielen. Heute gibt es motorbetriebene „Rüttler", die schonender arbeiten und die Kräfte der Erntehelfer weniger beanspruchen. Manche werden auf einen Traktor montiert und sind in der Lage, den ganzen Baum auf einmal zu schütteln. Die kleinere Variante, die wegen des abschüssigen Geländes auch in Bardolino bevorzugt wird, halten die Erntehelfer in den Händen wie früher den Stock – nur dass am äußersten Ende des „Rüttlers" eine Art Kamm aus weichem Material die Zweige des Olivenbaums in Bewegung versetzt.

„Du musst ihn gut festhalten!", ermahnt mich Giuseppe – der Helfer, mit dem ich im Olivenhain unterwegs bin –, als er mir den „Rüttler" zum Ausprobieren in die Hand drückt. Ich versuche, die Stange so zwischen die Äste zu schieben, dass sie ordentlich durchgeschüttelt werden und ihre wertvolle Fracht abwerfen. Mit ein bisschen Übung gelingt mir das sogar, doch ich spüre bald, wie viel Kraft es kostet, ein Erntegerät im Zaum zu halten, das genauso heftig an meinen Armen rüttelt wie am Olivenbaum.

Giuseppe arbeitet eigentlich in der Verwaltungsabteilung des Krankenhauses von Malcesine, aber er hilft hier jedes Jahr bei der Ernte, weil er sich mit Oliven auskennt und mit dem

Besitzer des Betriebes befreundet ist. Er ist Mitte fünfzig, klein und stämmig, unter seinem grauen Haarschopf blitzen zwei quicklebendige, von Lachfalten eingerahmte Augen hervor.

Ursprünglich kommt Giuseppe aus Kalabrien, der Region, die an der Spitze des italienischen Stiefels und damit tief im sogenannten *„mezzogiorno“* liegt. Ehrlich gesagt, kenne ich Kalabrien bisher nur aus den Fernsehnachrichten, in denen regelmäßig Fahndungsfotos finster dreinblickender, unrasierter Männer gezeigt werden, die Verbrechen im Dienste der *N'drangheta* – der kalabrischen Variante der Mafia – begangen haben sollen.

Während wir uns von einem Olivenbaum zum nächsten vorarbeiten, erzählt mir mein Begleiter voller Begeisterung von einem anderen Kalabrien: von schroffen Bergen, die direkt hinter der Küste aufragen, von der Vulkaninsel Stromboli, die sich – stets von einer Rauchsäule gekrönt – am Horizont aus dem tiefblauen Tyrrhenischen Meer erhebt, von Gluthitze im Sommer und fürchterlichen Stürmen im Winter, von Familienbanden und Dorfgemeinschaften, die heute wie früher sehr eng sind, weil man sich außerhalb dieser kleinen Welten auf kaum etwas verlassen kann. Es ist das Land seiner Kindheit, in das Giuseppe noch heute immer wieder zurückkehrt, sobald er ein paar Tage frei hat.

„Dann setze ich mich ins Auto und fahre in einem Rutsch durch!“

Etwa dreizehn Stunden dauert es, die knapp 1200 Kilometer hinter sich zu bringen, die zwischen dem Gardasee und dem kleinen Dorf in der Nähe des Küstenstädtchens Tropea liegen, in dem seine Familie zu Hause ist. Wenn er so sehr an seiner Heimat hängt, warum ist Giuseppe dann überhaupt weggegangen?

„Für junge Leute war es in Kalabrien schon immer schwierig, Arbeit zu finden“, beantwortet Giuseppe meine Frage, bevor ich sie überhaupt gestellt habe. „Also gehen sie weg. Früher sind sogar viele bis nach Amerika und Australien ausgewandert, spätere Generationen haben sich auf Baustellen in Deutschland oder in den Fiat-Werken in Turin verdingt. Und als es mit dem Tourismus am Gardasee losging, sind viele als Kellner und Köche in den hiesigen Hotels und Restaurants untergekommen, so wie meine drei Brüder und ich. Das war Ende der Siebziger, wir waren gerade mal siebzehn, achtzehn Jahre alt."

„Das war bestimmt hart! So weit weg von zu Hause und dann noch die schwere Arbeit", vermute ich.

„*Sì, sì*", antwortet Giuseppe schmunzelnd, „aber vor allem war es ein Abenteuer! Hier im Norden, das war für uns eine andere Welt. Und die Arbeit ... *Diciamo*: Wir waren jung und voller Energie, wir haben uns sehr gut mit unseren Gästen verstanden, wir hatten Spaß, sie hatten Spaß ..." – er schließt die Augen, während er in Erinnerungen an diverse Begegnungen mit nordischen Touristinnen schwelgt – *„... e le ragazze coi capelli biondi e gli occhi azzurri ...*" Die blauäugigen Blondinen hatten es ihm offensichtlich besonders angetan.

Giuseppe ist schließlich hier geblieben, so wie auch sein jüngster Bruder Giacomo, der heute in Bergamo wohnt. Die anderen beiden sind nach einigen Jahren wieder in ihr kalabrisches Heimatdorf zurückgekehrt.

„Das Leben hier bietet viele Vorteile", erklärt mir Giuseppe. „Hier gibt es Arbeit, alles funktioniert besser, es ist sauber. Aber zu Hause, da gibt es mehr Wärme, mehr Freundlichkeit, mehr Offenheit. Wir Kalabresen reden gern, weißt du. Wenn ich hier in der Arbeit mit dem Aufzug fahre, dann stehen alle um mich herum schweigend da und versuchen, sich bloß nicht anzusehen. So sind die Leute hier im Norden: diszipliniert, aber auch vorsichtig, zugeknöpft und oft schlecht gelaunt. Deshalb zieht es mich regelmäßig nach Hause, da falle ich nicht auf, wenn ich viel lache und laut rede ... *Noi calabresi, siamo così!* So sind wir Kalabresen eben."

Je länger ich ihm zuhöre, desto klarer wird mir: *Mein* Süden, der mich als verzweifelte Deutsche im vergangenen Februar freundlich empfangen hat und mich seither mit Wärme, Schönheit und Entspanntheit verwöhnt – dieser Süden ist Giuseppes kalter und auf Effizienz getrimmter Norden. Natürlich hege ich schon seit längerem die Vermutung, dass der Gardasee nicht Italien ist – jedenfalls nicht *ganz* Italien. Doch das Gespräch mit dem sympathischen Mann aus dem *mezzogiorno* hat mir einmal mehr vor Augen geführt, wie viel es für mich in diesem Land noch zu entdecken gilt.

Sobald die Oliven geerntet sind, tickt die Uhr: Jetzt zählt jede Stunde, denn die Früchte dürfen vor der Weiterverarbeitung keinesfalls zu lange gelagert werden. Dann würde der Säureanteil steigen, Haltbarkeit und Geschmack würden dadurch beeinträchtigt. Für mich ist die gebotene Eile sehr praktisch, denn so kann ich alle Arbeitsschritte bis zum fertigen Öl an nur einem Tag beobachten.

Nachdem die Oliven von Ästen und Blättern befreit und mit kaltem Wasser gewaschen wurden, beginnt der Mahlvorgang. Die großen runden Granitsteine, die die Früchte zu einem Brei verarbeiten, dürfen sich dabei nur langsam bewegen, sonst würden empfindliche Inhaltsstoffe durch zu hohe Temperaturen vernichtet. Ebenso schonend wird bei der anschließenden Pressung vorgegangen, die schließlich eine Art „Olivensaft" hervorbringt, aus dem dann mit Hilfe einer Zentrifuge das Öl extrahiert wird. Das kostbare Ergebnis eines ganzen Arbeitstages läuft schließlich in einem dünnen Strahl aus einem unscheinbaren Stahlröhrchen.

„*Ecco, assaggi!* Probieren Sie!"

Der Olivenbauer hat ein wenig von dem Öl in ein kleines Glas abgefüllt, das er mir nun stolz in die Hand drückt. Die Flüssigkeit ist goldgelb und glasklar. Erst schnuppere ich, dann probiere ich einen kleinen Schluck. Unglaublich! Ich habe noch nie so ein aromatisches, wohlschmeckendes Olivenöl probiert! Liegt das daran, dass es so frisch ist? Oder an der schonenden Verarbeitung? Vielleicht bin ich auch befangen, weil ich jetzt weiß, wie viel Mühe und Sorgfalt in diesem Produkt steckt. Jedenfalls zeige ich mich – sehr zur Freude des Chefs – aufrichtig begeistert.

Als ich dabei bin, mich zu verabschieden, kommt Giuseppe auf mich zu, er hat sein Mobiltelefon in der Hand.

„Ich möchte dir noch etwas zeigen."

Auf dem Handybildschirm ist ein Foto zu sehen: eine kleine, malerische Stadt, deren pittoreske Häuser sich an die Steilküste schmiegen – darunter ein Strand und das türkisblaue Meer.

„Das ist Tropea", erklärt mir Giuseppe. Das nächste Bild zeigt eine Kirche auf einem Felsen, ebenfalls direkt über dem beinahe karibisch anmutenden Wasser gelegen.

„Wunderschön!", entfährt es mir.

„Sì!" Er nickt versonnen, während er das Foto betrachtet.

Schließlich zeigt er mir noch ein Bild, auf dem seine *mamma* in schwarzer Witwentracht mit hoch erhobenem Haupt und stolzem, ebenfalls von deutlichen Lachfalten eingerahmtem Blick inmitten ihrer Söhne und deren Familien an einer langen Tafel sitzt.

„Da sind wir alle bei meinem Bruder Antonio zu Hause. Er und seine Frau Annunziata haben das alte Landhaus unserer Familie ausgebaut. Da ist viel Platz, sie haben auch sehr schöne Ferienwohnungen eingerichtet. Du musst unbedingt einmal zu uns nach Kalabrien kommen, es wird dir bestimmt gefallen."

Wenn Giuseppes Familie ebenso nett ist wie er selbst – und wenn sich seine Heimat auch nur als annähernd so schön entpuppt, wie sie sich auf den Fotos präsentiert – dann kann es daran wirklich keinen Zweifel geben. Längst habe ich mir vorgenommen, bald auch Süditalien zu erkunden.

Im Laufe des Novembers ist Lazise wieder in den „Wintermodus“ zurückgekehrt. Touristen sind kaum noch zu sehen, viele Geschäfte und die meisten Restaurants im *centro storico* sind geschlossen. Auch vor dem Eingang von Gipis Bar wurden die Gitter heruntergelassen, erst im Februar werden Giampaolo – der den Winter in Thailand verbringt –, seine Schwester Rita und ihr Mann Luciano den Betrieb wieder aufnehmen.

Vor allem in den Nächten kriecht die während des Sommers beinahe in Vergessenheit geratene Kälte durch die Wände und Fenster in mein spärlich beheiztes Zimmer, und auch tagsüber bläst immer öfter ein frostiger Wind über den See. Mit der Wärme und den Gästen hat sich auch der allgegenwärtige Lärm aus Lazise verabschiedet, am *lungolago* herrscht nun wieder eine andächtige Stille, die nur vom Glucksen des Wassers an der Kaimauer und dem gelegentlichen Geschnatter einer vorbeischwimmenden Entenfamilie unterbrochen wird.

Die Rückkehr der Kälte und der Ruhe zeigt mir wieder einmal, dass sich der Kreis langsam schließt. Mein Jahr am Gardasee neigt sich dem Ende zu – und wenn ich nachts manchmal Schwierigkeiten habe, in den Schlaf zu finden, dann nicht, weil ich ein bisschen friere, sondern weil ich nicht weiß, wie es mit mir weitergehen soll.

Dicembre

„Sagt mal, ihr feiert schon auch in drei Wochen Weihnachten, oder? Wenn ich nicht gerade die Krippe in San Nicolò gesehen hätte, würde ich wirklich langsam daran zweifeln."

Es ist Donnerstagabend, beim Eintreten habe ich Francesca und Luis in der Wohnküche vorgefunden, wo sie gemeinsam das Essen vorbereiten. Ich komme soeben aus der kleinen Kirche am alten Hafen, einem Gotteshaus aus dem 12. Jahrhundert, das in der Adventszeit mit Lichterketten geschmückt wird und in dessen Innenraum eine wunderschöne große Krippe mit automatischem Tag- und Nachtzyklus sowie stimmungsvoller Hintergrundmusik eingerichtet ist.

In Lazise ist von vorweihnachtlichem Trubel wirklich nicht viel zu spüren. Auf dem Marktplatz werden an den Wochenenden an ein paar Ständen regionale Spezialitäten sowie *vino caldo* angeboten, doch dieser *mercatino di natale* lockt kaum zusätzliche Besucher in den Ort.

Tatsächlich kommt mir die Vorbereitung auf Weihnachten und Neujahr hier angenehm unaufgeregt vor. Im Radio läuft vielerlei – nur nicht „Last Christmas". Im Fernsehprogramm habe ich bisher keinen einzigen Jahresrückblick entdeckt, und die Werbung scheint mir auch weniger penetrant auf der „Heiligen Nacht" herumzutrampeln als bei uns. Man kennt hier keine Schokonikoläuse, dementsprechend bevölkern sie auch nicht schon seit Ende September die Supermarktregale. Alles in allem wirkt der Dezember beinahe wie ein ganz normaler, etwas verschlafener Wintermonat, an dessen Ende ein gemütliches, festliches Beisammensein der ganzen Familie steht. Wie idyllisch!

„Also ganz so entspannt geht es bei uns auch nicht zu", korrigiert Francesca vehement meinen Eindruck. *„Lazise non è una metropoli!* Wenn du in eines der großen Shopping-Center oder nach Mailand fährst, dann kannst du dort bestimmt den gleichen Konsumwahnsinn erleben, den du aus Deutschland kennst. *È tutto un grande casino …*"

Ein großes Durcheinander erwartet auch denjenigen, der sich einen Überblick darüber verschaffen möchte, *wer* in diesem Land in der Weihnachtszeit *wann* Geschenke verteilt. Während Nikolaustag und Heiliger Abend in Deutschland überall begangen werden und dabei ziemlich ähnlich ablaufen, gibt es in Italien große regionale Unterschiede.

San Nicolò kommt am 6. Dezember beispielsweise nach Trient und Triest. In Mailand ist es dagegen der Stadtpatron Sant' Ambrogio, der die Kinder bereits am 5. beschenkt, während sie in Verona bis zum 13. Dezember ausharren müssen – dem Tag, an dem Santa Lucia die *bambini bravi* belohnt und die *bambini cattivi* – so wie die Hexe *Befana* in Rom am 6. Januar – mit einem Stück Kohle abspeist. Am 24. Dezember – der *Vigilia di Natale* – gibt es keine Geschenke, dafür am 25., an dem entweder der *Babbo Natale* oder das *Santo Bambino* zum Einsatz kommt.

„Santa Lucia?", frage ich Francesca etwas verwundert. „Ich weiß nur, dass es ihr zu Ehren in Schweden ein großes Lichterfest gibt. Ist ja auch klar, im dunklen Skandinavien …"

„Ma dai", unterbricht mich meine Vermieterin, „Santa Lucia war eine Sizilianerin aus Syrakus, keine Schwedin – und natürlich feiern wir sie hier in Italien! In Verona finden in den drei Tagen vor dem Fest die ‚Banchetti di Santa Lucia' statt. Das ist jedes Mal wunderschön. Ich freue mich schon wieder darauf. Diesmal musst du unbedingt mitkommen!"

Dass die Kinder in Verona am 13. Dezember Geschenke bekommen, hängt mit einer Geschichte aus dem Mittelalter zusammen: Damals, so erzählt man sich, habe sich eine schreckliche Augenkrankheit unter den Kindern der Stadt verbreitet. In ihrer Verzweiflung wandten sich die Eltern an Santa Lucia – diejenige unter den Heiligen, die für Augenleiden zuständig ist. Um die Kinder zum Kirchgang zu motivieren, versprachen sie ihnen, dass sie am folgenden Morgen Geschenke bekämen.

In Anlehnung an diese Legende – die natürlich damit schließt, dass die himmlische Helferin der fürchterlichen Epidemie ein Ende setzte – bereiten die *bambini* Veronas am Abend des 12. Dezember noch immer die Ankunft Santa Lucias und ihres Assistenten Gastaldo mit seinem Esel vor, indem sie Speisen und Getränke für sie bereitstellen. Dann geht es zu Bett, wo es heißt: schnell einschlafen! Denn wer zu lange wach ist und die Heilige versehentlich erblickt, der muss um sein Augenlicht fürchten …

Doch Lucia und Gastaldo verrichten ihre Arbeit in der Regel so unauffällig, dass niemand sie zu Gesicht bekommt – nur die Geschenke, die die Kinder am Morgen des 13. Dezember vorfinden, zeugen von ihrer nächtlichen Anwesenheit.

„Warte, bis du den Stern siehst! *È meravigliosa!*"

Francescas Stimme zittert ein wenig, sie zieht den Reißverschluss ihrer Daunenjacke bis oben hin zu. Es ist der Vorabend des Lucia-Festes, ein kalter Wind weht durch die Straßen Veronas. Ich spaziere mit Francesca und Luis in Richtung Piazza Bra, wo uns die „Banchetti" erwarten. Die Sonne ist längst untergegangen, die Fassaden der Altstadt sind mit Lichterketten geschmückt. Hinter vielen der hell erleuchteten Fenster wird wahrscheinlich gerade von fleißigen Kinderhänden der Imbiss für Santa Lucia und Gastaldo hergerichtet.

Bald tauchen die ersten der knapp 270 Stände auf, die für die traditionelle *fiera* im Umfeld der Arena aufgebaut werden. Nicht nur süßes Weihnachtsgebäck wie die *pastafrolla* – eine köstliche Veroneser Mürbteigspezialität – wird auf den Tischen feilgeboten, sondern auch herzhafte Leckereien aus dem ganzen Land sowie Handwerkskunst und kleine Geschenkartikel.

Als wir auf die Piazza Bra treten, sehe ich, was mir Francesca bereits voller Vorfreude angekündigt hat: Mitten auf dem Platz, umringt von den „Banchetti di Santa Lucia", strahlt hell ein riesiger Stern. Der ebenfalls erleuchtete Kometenschweif, der von ihm ausgeht, erstreckt sich in hohem Bogen bis ins Innere der direkt an die Piazza Bra angrenzenden antiken Arena.

„È stupenda, no?" Francesca hat mein Erstaunen ob dieses Anblicks mit Freude bemerkt. „Das ist eine lackierte Stahlskulptur, der Bogen ist siebzig Meter hoch! Es dauert jedes Jahr einige Tage, bis sie aufgebaut ist. Mitte der Achtzigerjahre wurde die *stella cometa* zum ersten Mal errichtet. Eigentlich sollte sie nur für eine Saison die Aufmerksamkeit der Leute auf die Internationale Krippenausstellung in der Arena lenken. Aber sie hat den *veronesi* so gut gefallen, dass sie auch in den folgenden Jahren errichtet wurde – und heute ist sie für uns alle längst ein unverzichtbares Zeichen dafür, dass Weihnachten vor der Tür steht."

Weil Francesca und Luis ein Geschenk suchen, klappern sie nacheinander alle Stände ab, die kleine, handgemachte Accessoires und Kunstwerke anbieten. Ich folge ihnen mit etwas Abstand, probiere hier und da ein paar Süßigkeiten, beobachte das bunte Treiben auf der Piazza, das hauptsächlich aus jüngeren und älteren Paaren oder ganzen Familien besteht.

Plötzlich bleibt mein Blick an einem vertrauten Gesicht hängen. Ist er das wirklich? Schon im nächsten Moment bin ich sicher, dass ich mich nicht täusche: Da drüben, am Stand mit den filigran bemalten Christbaumkugeln, steht Alessandro. Er begutachtet das Warenangebot und hat mich nicht bemerkt. Soll ich zu ihm gehen und ihn ansprechen? Warum nicht? Schließlich sind wir erwachsene Leute, und es wäre doch kindisch, würde ich mich jetzt vor ihm verstecken.

Gerade habe ich zwei Schritte in Alessandros Richtung gemacht, da erstarre ich in der Bewegung, denn mir wird klar: Er ist nicht allein hier. Eine mit einem cremefarbenen Mantel bekleidete, hübsche junge Frau, die gerade noch den Verkaufstisch nebenan betrachtet hat, steht jetzt direkt bei ihm. Sie zeigt ihm eine Kugel, die ihr offenbar besonders gut gefällt. Er sieht ihr in die Augen und sagt etwas, beide lachen, sie legt ihm für einen Moment die Hand auf die Schulter. Sie ist weder eine von Alessandros Schwestern noch eine Cousine – die würde ich wiedererkennen, schließlich waren sie alle im Juli auf der Hochzeit.

Reflexartig drehe ich mich weg und beiße mir auf die Unterlippe. Was ist mit mir los? Habe ich mir etwa eingebildet, Alessandro würde sich, nachdem ich ihm eine eindeutige Absage erteilt habe, monatelang einschließen und mir nachweinen? Ist es nicht sogar eine Erleichterung zu wissen, dass es ihm gut geht und er offensichtlich glücklich ist?

„Giulia, da bist du ja!“ Auf einmal steht Luis vor mir. „Wir hatten schon Angst, dass wir dich gar nicht mehr finden! Dabei wollen wir dir doch unbedingt noch etwas zeigen, drüben auf der Piazza dei Signori. Da wirst du dich wie zu Hause fühlen!“

Luis ist ein begeisterter Anhänger teutonischer Advents- und Weihnachtstraditionen. In seiner Heimat Brasilien ist gerade Hochsommer – genau die richtige Zeit für bunte Cocktails, Barbecue und Strandvergnügen. Doch all das scheint er nicht zu vermissen, vielmehr steht dem Südamerikaner zur Weihnachtszeit der Sinn nach leise rieselndem Schnee und nach Bratäpfeln, Pfefferkuchen und Christstollen.

Vor diesem Hintergrund wundert es mich nicht, dass sich Luis wie ein kleines Kind freut, als wir nach einem kurzen Spaziergang über die Via Mazzini und die Piazza Erbe schließlich auf dem „Mercatino di Natale di Norimberga" landen. Die Piazza dei Signori versprüht auf den ersten Blick tatsächlich den Charme eines deutschen Kleinstadt-Marktplatzes zur Adventszeit: In akkurat aufgereihten und liebevoll geschmückten Holzbuden wird von kitschigen Schnitzarbeiten über Lebkuchen bis hin zu „Gluhwein" und „Bratwurstel" alles aufgeboten, was Italiener mit dem weltberühmten „Christkindlesmarkt" in der Frankenmetropole verbinden. Ich muss zugeben: Sie liegen gar nicht so falsch, sogar das Gedränge und Geschiebe zwischen den Buden ist mit dem Original vergleichbar. Vielleicht ist diese Imitation auch deshalb so gelungen, weil die *veronesi* enge Beziehungen zu ihren fränkischen Vorbildern pflegen, die sogar so weit gehen, dass jedes Jahr zur Eröffnung des „Mercatino di Natale" extra eine Delegation aus Nürnberg anreist.

Trotz all dem fühle ich mich – glücklicherweise – nicht wirklich ins winterliche Mittelfranken versetzt. Liegt es an den Fassaden rund um die *piazza*, die zwar mindestens ebenso hübsch sind wie altes deutsches Fachwerk, die aber eben doch unverkennbar italienische Gotik und Renaissance verkörpern? Oder am italienischen „Nationaldichter" Dante Alighieri, der in Gestalt einer riesigen Statue neben dem mit Tausenden Lichtern geschmückten Christbaum steht und streng auf das quirlige Geschehen zu seinen Füßen herabblickt, das für etwas mehr als einen Monat den im Volksmund oft „Piazza Dante" genannten Platz in Beschlag nimmt? Wahrscheinlich ist es doch hauptsächlich die italienische Sprache, die aus jeder Richtung zu hören ist: Hier werden nun mal keine „Wörschtla im Weggla" und kein „Drumm Hudslbrod" bestellt, sondern *„un panino con salsicce“* oder *„un pezzo di panforte“* – was in meinen Ohren sehr viel angenehmer klingt!

Bisher habe ich noch jedes Weihnachtsfest zusammen mit der Familie in meinem Elternhaus verbracht, stets mit den vertrauten, immer gleichen Ritualen. Das war so selbstverständlich für mich, dass ich mir bis vor Kurzem kaum vorstellen konnte, dass es dieses Jahr nicht genauso sein würde. Deshalb habe ich ernsthaft in Erwägung gezogen, über die Feiertage nach Deutschland zurückzukehren.

Dann habe ich erfahren, dass meine beiden Schwestern eine ausgedehnte Südafrika-Reise geplant haben – womit zum einen klar war, dass Weihnachten dieses Jahr *nicht* wie immer ablaufen würde –, und zum anderen, dass ich nun erst recht auf jeden Fall nach Hause kommen müsste. Schließlich würde ich es niemals übers Herz bringen, meine Mutter an den Feiertagen allein zu lassen.

Und dann, vor ein paar Tagen, hat sie mich angerufen:

„Stell' dir mal vor, ich habe eine Schiffsreise gebucht. Eine Kreuzfahrt! Bärbel und Elisabeth fahren auch mit. Ursl muss leider daheim bleiben, weil sie ja den Hund hat ...“

„Eine Kreuzfahrt mit deinen Freundinnen? Nicht schlecht. Und wann geht's los?“

„In acht Tagen fliegen wir, und dann werden wir drei ganze Wochen unterwegs sein! Tahiti, Cook und Bora Bora. Das war so ein Last-Minute-Schnäppchen, weißt du. Ich habe sowieso überlegt, was ich an den Feiertagen machen soll, wenn ihr alle drei so weit weg seid ... Und jetzt werde ich Weihnachten in der Südsee feiern. Ist das nicht großartig?“

Ja, großartig. Auf einmal war klar, dass es nicht meine Mutter sein würde, die an Weihnachten einsam und allein Trübsal bläst – sondern ich. Hier in Lazise feiern alle, die ich kenne, gemeinsam mit der Familie. Da kann ich mich doch nicht einfach irgendwo dazusetzen, oder?

„Du kommst zu uns, keine Frage!“ Francesca versteht überhaupt nicht, warum ich so zögerlich bin. „*Mamma* bereitet immer ein großes Essen für die ganze Verwandtschaft vor, wir sitzen stundenlang zusammen an einer großen Tafel in unserem Wohnzimmer. Du bist uns herzlich willkommen. Und es wird dir gefallen, da bin ich sicher. Weihnachten ist ein Familienfest – und dieses Jahr bist du ein Teil *unserer* Familie.“

Damit ist diese Angelegenheit geregelt. Schließlich meldet sich sogar noch Florian und fragt, ob er über Weihnachten zu mir an den Gardasee kommen dürfe. Ich freue mich und bin natürlich einverstanden, Francescas *mamma* hat auch nichts gegen einen weiteren Weihnachtsgast einzuwenden. Zumindest *ein* vertrautes Gesicht aus der Heimat werde ich also an Heiligabend um mich haben!

Gerade noch rechtzeitig fällt mir ein, dass es dringend an der Zeit ist, die Weihnachtspost zu erledigen. Natürlich möchte ich meinen Freunden schreiben, denen ich dieses Jahr nicht persönlich frohe Festtage wünschen kann. Doch auch Herbert in Landshut, der mir die Möglichkeit geboten hat, hier am Gardasee für ihn zu arbeiten, und Familie Mickal aus Rosenheim, die mir in meiner Zeit in der *residence* ganz besonders ans Herz gewachsen ist, sollen je eine Karte bekommen.

Wo könnte ich stilvolle *cartoline di natale* kaufen, wenn nicht bei den netten Damen in der *tabaccheria*? Ich mache mich auf den Weg, überquere die beinahe menschenleere Piazza Vittorio Emmanuele II, und nachdem ich um die Ecke gebogen bin, hinter der der kleine Laden zu finden ist, fällt mir sofort die riesige hellblaue Tüllschleife auf, die heute an der Eingangstür hängt. Auf einem Pappschild darunter wird in schwungvoller Schrift die frohe Botschaft verkündet:

„È nato Emmanuele!“

Das Kind ist geboren! Als ich eintrete, sehe ich mich dreien der Betreiberinnen gegenüber, denen ich sogleich zum Familienzuwachs gratuliere. Nur Elena, die junge *mamma*, fehlt.

„Sie ist zu Hause, mit dem Kleinen", erklärt mir die frischgebackene und sichtlich stolze Uroma Jolanda. „Alles ist gut gegangen, den beiden geht es bestens! *Quest' anno abbiamo il nostro proprio Santo Bambino!* Dieses Jahr haben wir unser eigenes Christkind!"

Am letzten Wochenende vor dem Heiligen Abend befindet sich dann auch Lazise im Ausnahmezustand: Jetzt sind alle unterwegs, und jeder hat noch etwas zu besorgen, das beim großen Weihnachtsessen auf keinen Fall fehlen darf.

Zwar spielt das Festmahl auch für die meisten Deutschen eine große Rolle – doch in Italien ist es das unumstrittene Zentrum der Feiertage, an dem alles hängt und das alles andere in den Schatten stellt. Während bei uns in Zeiten wirtschaftlicher Turbulenzen höchstens über das eventuell geschmälerte Geschenke-Budget der Durchschnittsfamilie diskutiert wird, beherrscht hier – wo *la crisi* in aller Munde ist – momentan nur *ein* Thema die Medien: Gefährdet der ökonomische Niedergang etwa den *pranzo di natale*?

Täglich werden Umfragen unter Betreibern von Feinkostgeschäften und *pasticcerie* durchgeführt, die darauf hoffen, dass ihre Landsleute sich ihren traditionellen weihnachtlichen Festschmaus nicht nehmen lassen werden. Und sie scheinen recht zu behalten: Viele Passanten erklären vor den Mikrofonen der Reporter, dass sie auf neue Schuhe, Reisen oder Opernbesuche verzichten, um sich das Acht-Gänge-Menü im Kreis der Familie am ersten Weihnachtsfeiertag wie gewohnt leisten zu können. Vielerorts beginnt die Schlemmerei im Übrigen nicht erst mit dem *pranzo* – oft wird bereits das Abendessen an Heiligabend zu einem wahren Festmahl – einem fürstlichen *cenone* – ausgeweitet.

„Und wenn die ersten Gänge noch so schmackhaft sind – ich rate dir: Halte dich zurück! Sonst kriegst du spätestens bei der zweiten Hauptspeise nichts mehr runter."

Gerade habe ich Florian vom Bahnhof in Peschiera abgeholt, wir sind auf dem Weg nach Lazise. Da ich ja vor einigen Monaten bei der Hochzeit von Alessandros Cousine bereits meine Erfahrungen mit einem italienischen Festessen gemacht habe, halte ich es für angebracht, meinen Verlobten vorzuwarnen. Doch der gibt sich gelassen.

„Keine Sorge! Ich werde mich doch nicht von ein paar Vorspeisen in die Knie zwingen lassen."

Aha. Nun ja, wir werden sehen ... Doch Florian hat bereits das Thema gewechselt:

„Es gibt übrigens Neuigkeiten", erklärt er scheinbar beiläufig. Das leichte Beben in seiner Stimme zeigt mir jedoch, dass er etwas Wichtiges ankündigen möchte – und dass er ein bisschen nervös ist. Schließlich gibt er sich einen Ruck und lässt die Katze aus dem Sack:

„Ich habe mit den Leuten am Lehrstuhl gesprochen – ich hätte theoretisch die Möglichkeit, im Sommersemester zu pausieren ..." Florian sieht mich für einen Moment erwartungsvoll an, fährt dann aber selbst fort: „Und ... also, du hattest ja gesagt, du würdest gern mit mir zusammen Italien erkunden. Ich weiß nicht, wie ernst du das gemeint hast. *Ich* jedenfalls hätte wirklich große Lust, ein halbes Jahr mit dir auf Tour zu gehen. Sizilien, Apulien, Toskana, Ligurien – das ganze Land. Was hältst du davon? Mit dem Urlaub, den ich noch habe, könnte es sogar schon im Februar losgehen."

Ich bin sprachlos, und zwar für mehr als nur einen Moment. Habe ich richtig gehört? Hat mir Florian tatsächlich gerade so ganz nebenbei eröffnet, dass er ernsthaft bereit wäre, monatelang mit mir durch Italien zu tingeln? Ist ihm eigentlich klar, dass ich von so einem Vorweihnachtsgeschenk nicht einmal zu träumen gewagt hätte?

„Alles in Ordnung?“, fragt Florian besorgt, weil ich nach einer halben Minute noch immer kein Wort herausgebracht habe. „Du kannst dir das natürlich in Ruhe überlegen, wir müssen ja nichts überstürzen ...“

Jetzt muss ich lachen.

„Überlegen? Da gibt es für mich nichts zu überlegen, *tesoro*! Natürlich machen wir das!“ Ich drehe mich für einen Moment zu ihm und drücke ihm einen Kuss auf die Wange. Dann wende ich mich wieder der Straße zu und schüttle ungläubig den Kopf. „Du bist ja wirklich für Überraschungen gut. Kaum lässt man dich mal ein paar Monate allein ...“

„... e poi Roma! La città eterna!“ Francescas *papà*, der – wie es sich gehört – am Kopf der langen Tafel sitzt, hat sich noch ein Stück Truthahnroulade – *rollata di tacchino* – auf den Teller gelegt und spricht mit vollem Mund und vielen Gesten von den Sehenswürdigkeiten Italiens, die Florian und ich auf unserer Tour keinesfalls versäumen dürfen. Die antiken Stätten haben es ihm dabei besonders angetan: Syrakus, Taormina, Paestum, Pompeij – all das müsse man gesehen haben, wenn man von sich behaupten wolle, Italien zu kennen. Und natürlich die Hauptstadt Rom! Die habe ich vorhin allerdings selbst schon auf unsere Liste gesetzt, als wir im Fernsehen live verfolgt haben, wie der Papst in seiner Loggia über der auf dem Petersplatz versammelten Menschenmenge den Weihnachtssegen „urbi et orbi“ gespendet hat.

„Meine schönste Reise war, als wir damals mit Don Achille die Pilgerfahrt nach Loreto und Assisi gemacht haben!“ Die Augen von Francescas *mamma* leuchten bei der Erinnerung an dieses Erlebnis – doch nur bis sie entsetzt Florians leeren Teller erblickt. Einen Augenblick später sieht sich mein *fidanzato* einem weiteren Stück Truthahnroulade gegenüber. *„Mangia, mangia!“*

„Ich mache auch jedes Jahr eine Pilgerreise – und zwar

nach Maranello", stellt Matteo, Francescas Schwager, währenddessen trocken fest. Auf die fragenden Blicke von Florian und mir reagiert er mit einem spitzbübischen Grinsen. „Zu Ferrari! *Queste macchine sono divine!*"

„Sì", wirft sein Sohn Nicola ein, „und nächstes Jahr nimmst du mich mit. Du hast es versprochen, *papà*!"

„Vediamo", beschwichtigt Chiara. „Du weißt, dass ich das nur erlaube, wenn du in Zukunft dein Zimmer selbst aufräumst." Dann wendet sie sich mir zu: „Wir waren im Sommer am ‚Golfo dei Poeti', das war wunderschön. Von dort aus ist es auch nicht weit zu den Cinque Terre und in die Toskana. Und ihr dürft natürlich auch die Inseln nicht vergessen. *Secondo me, Elba è la più bella* ... und dann gibt es ja noch Sardinien, Capri, die *isole eolie* ..."

„Genau!", unterbricht Francesca. „Mit dem Stromboli, der Tag und Nacht Feuer spuckt! Und wenn ihr auf Sizilien seid, müsst ihr natürlich auf den Ätna ..."

„Vergiss den Vesuv nicht!", meldet sich *nonna* Domenica mit ihrer Reibeisenstimme, die viel lauter ist, als ich es bei dieser zierlichen 85-Jährigen vermutet hätte. Ihre Familie kommt aus Neapel, und sie sieht sich offenbar verpflichtet, ihren „Hausvulkan" gegen die schmalbrüstige Konkurrenz zu verteidigen. „Zwar schläft er im Moment tief und fest. Aber wenn er wieder erwacht, dann fliegt die Asche bis zu euch nach Deutschland!"

Dann wird die lebhafte Diskussion von Francescas *mamma* beendet, indem sie zusammen mit Chiara den Nachtisch serviert: eine Riesenschüssel mit selbstgemachtem *tiramisù*, dazu noch eine Platte, auf der sich knallbunt glasierte *dolci* türmen. Letztere sind der traditionelle Beitrag von Francescas Vater zum Weihnachtsessen – und er versäumt nicht, Florian und mir ausführlich davon zu berichten, dass er extra nach Verona gefahren sei, um sie in der „besten *pasticceria* des ganzen Veneto" für seine Familie und uns Gäste zu besorgen.

Doch es hilft nichts: Ein kleines Schlückchen Vin Santo vielleicht noch – aber dann kann ich beim besten Willen nicht mehr! Um der Höflichkeit zu genügen, muss also Florian ran und alle Nachspeisen zumindest probieren. Obwohl auch er langsam glasige Augen bekommt und ein wenig schwerer zu atmen beginnt, tut er tapfer seine Pflicht und lobt alles, was ihm vorgesetzt wird, überschwänglich.

Erst als zum abschließenden *caffè* noch eine Auswahl der erlesenen Lebkuchen auf den Tisch kommt, die zusammen mit einigen Würsten und ein paar Flaschen bayerischem Bier in Florians Geschenkkorb waren, hisst auch mein *fidanzato* die weiße Fahne. Glücklicherweise springt Luis mit Freude für ihn ein. Für den einen oder anderen *panpepato di Norimberga* ist bei dem wohl immer Platz.

Noch Tage später – das üppige Feiertagsessen ist längst verdaut und Florian wieder wohlbehalten nach Hause zurückgekehrt – bin ich beseelt vom Weihnachtsfest im Kreis von Francescas Familie. Außerdem beflügeln mich die unverhofften neuen Zukunftsaussichten, die Florian bei seinem Kurzbesuch im Gepäck hatte. Am liebsten würde ich ab sofort nur noch Landkarten, Reiseführer und -magazine durchstöbern, um die perfekte Route für unsere mehrmonatige Italien-Tour zu finden, auf der wir möglichst vielen der zahllosen Facetten dieses Landes begegnen werden. Immer wieder fallen mir Orte ein, die ich bereits auf Reisen mit meinem Vater kennengelernt habe und die ich Florian unbedingt zeigen möchte.

Doch jetzt ist nicht die Zeit, um sich ausschließlich diesen Plänen zu widmen. Zuerst muss ich mich noch um ein bedeutendes Ereignis der *näheren* Zukunft kümmern: Silvester steht vor der Tür.

Die Nacht des Jahreswechsels werde ich in der *residence* verbringen. Ugo und Alceo geben in ihrem Appartement eine Siebzigerjahre-Mottoparty, zu der ich herzlich eingeladen bin –

und ich habe es bisher sträflich versäumt, mich um ein passendes Outfit zu bemühen. Mein Kleiderschrank ist sehr übersichtlich sortiert, da werde ich auch bei noch so intensiver Suche weder Schlaghosen noch Plateauschuhe finden. Die Zeit drängt, ich habe nur noch wenige Stunden!

„Tranquilla!“ Im Gegensatz zu mir strahlt Francesca mal wieder unerschütterliche Zuversicht aus und bietet ihre Hilfe an. *„Ti do una mano!“*

Mit diesen Worten schiebt sie mich vor ihren Schminktisch und bedeutet mir, mich zu setzen. Dann werde ich mit jeder Menge Rouge, Lidschatten, Wimperntusche, Kajal, Lippenstift und Glitzerspray zu dem gemacht, was sich Francesca unter einer echten „Disco-Queen“ vorstellt. Eine knallrote paillettenbestickte Jacke mit dreißig Zentimeter langen Fransen an den Ärmeln, ein Minirock und dazu kniehohe Stiefel – ebenfalls in leuchtendem Rot – runden das Bild ab.

„Ecco, che bellezza!“

Als wir das Ergebnis ihrer Mühe vor dem großen Spiegel im Flur betrachten, ist Francesca sichtlich zufrieden. Dann fällt ihr noch etwas ein, sie verschwindet kurz im Schlafzimmer und kommt mit einer riesigen, weißen Stoffblüte zurück, die sie mit einer Haarklammer über meinem rechten Ohr befestigt. Ein weiterer Blick in den Spiegel, und Francesca klatscht begeistert in die Hände.

„Perfetto, so kannst du gehen. Deine Freunde werden Augen machen!“

Das werden sie zweifellos. Und dann werden sie mich wahrscheinlich fragen, wer ich bin und wer mich eingeladen hat – immerhin erkenne ich mich selbst kaum wieder!

Gennaio

„How could I ever refuse? I feel like I win when I loose! Waterloo ...!“

Es ist zwei Uhr morgens – und die *residence*, die sich um diese Jahreszeit mit abgedecktem Pool sowie fest verrammelten Türen und Fenstern eigentlich im tiefsten Winterschlaf befinden sollte, wird lautstark von den Klängen der „Greatest Hits“ der Siebzigerjahre erfüllt. Sie kommen aus dem Appartement von Ugo und Alceo, dem einzigen, in dem Licht brennt und hinter dessen beschlagenen Fensterscheiben trotz weit fortgeschrittener Stunde ungebrochene Feierlaune herrscht.

Nie hätte ich geglaubt, dass so viele Menschen in dieser kleinen Wohnung Platz finden könnten. Alle haben sich – dem Motto der Silvesterparty entsprechend – um ein möglichst phantasievolles, an die „goldenen Siebziger“ angelehntes Outfit bemüht. So viele Schlaghosen, Hot Pants, Jumpsuits und Riesensonnenbrillen in Orange, Braun und Senfgelb habe ich noch nie in einem Raum gesehen.

Außerdem ist davon auszugehen, dass Gastgeber und Gäste unter ihren Kostümen durchweg rote Unterwäsche tragen – so wie auch ich. Francesca hat sie mir – in der zutreffenden Annahme, dass sich nichts Derartiges in meinem Gepäck aus Deutschland befindet – zu Weihnachten geschenkt.

„Die brauchst du für Silvester“, hat sie mir lachend erklärt, nachdem ich ihr Präsent mit einigem Erstaunen aus der Verpackung genommen hatte. „Beim Jahreswechsel rote Unterwäsche zu tragen, bringt Glück!“

Das haben bestimmt auch die beiden Hausherren bedacht, doch auch beim Rest haben sie sich große Mühe gegeben: Sie verdecken ihre akkuraten Kurzhaarschnitte mit auffälligen

Perücken, Alceo trägt ein Exemplar mit sehr langen, glatten und dunklen Haaren. Das hellrote Tuch, das er sich zur Verstärkung des Hippie-Eindrucks um die Stirn gebunden hat, lässt ihn in meinen Augen endgültig so aussehen, als sei er geradewegs dem Indianerlager eines Karl-May-Films entsprungen. Ugo dagegen wirkt mit seinem künstlichen dunkelblonden Lockenkopf, einem bunt karierten Anzug und einer blau umrandeten Brille mit sternförmigen Gläsern eher wie ein Fleisch gewordener LSD-Trip. Kaum zu glauben, dass sich unter diesen Kostümen ein Versicherungs-Jurist und ein Lehrer verbergen, die beide schon auf die fünfzig zugehen! Aber wer eine derart zwanglose und rauschende Party auf die Beine stellen kann und solch einen feierfreudigen Bekanntenkreis sein Eigen nennt, der lässt sich wohl schwerlich vom Geburtsjahr im eigenen Ausweis beeindrucken.

Zum versammelten Partyvolk zählt auch Greta, die mittelfränkisch-italienische „gute Seele" der *residence*. Momentan zieht sie die gesamte Aufmerksamkeit auf sich, weil sie zu den Klängen von „I will survive" unter dem Applaus und dem Jubel der anderen Gäste eine gewagte Tanzeinlage auf Ugos und Alceos Küchentisch vorführt.

Apropos tanzen: Erst jetzt merke ich, wie sehr ich das in letzter Zeit vermisst habe. In meinem knappen Jahr hier am Gardasee bin ich überhaupt nicht dazu gekommen. Und davor? Nun, Florian ist nicht gerade ein begeisterter Tänzer. Oder besser gesagt: Er versteht unter „tanzen" ausschließlich das, was ihm in der 9. Klasse von einem staatlich geprüften Fachmann beigebracht wurde: Walzer, Foxtrott, Cha-Cha-Cha, Schrittfolge streng nach Vorschrift. Für – Zitat – „planloses Rumgehopse" hat er nichts übrig. Doch ich sollte die Hoffnung nicht aufgeben. Schließlich hat Florian zuletzt vieles neu für sich entdeckt – da könnte doch irgendwann auch noch eine lange verschollene Sehnsucht nach „Rumgehopse" dazukommen, oder?

Da es bis dahin jedoch noch eine Weile dauern dürfte, nutze ich die Gelegenheit, die sich mir hier auf der Party unter lauter Gleichgesinnten bietet, ausgiebig. Als ich irgendwann völlig erschöpft bin und eine Pause an der frischen Luft brauche, treffe ich draußen auf Alceo, der versonnen in den Sternenhimmel blickt. Im ersten Moment glaube ich, der sanftmütige Apachenkrieger mit der dunklen Mähne hat sich eine Friedenspfeife angesteckt – doch es ist nur die nächtliche Kälte, die seinen Atem in weiße Wolken verwandelt.

„Was für eine großartige Stimmung", stelle ich freudig fest. „Das Motto habt ihr wirklich sehr gut gewählt!"

Alceo lächelt mich an.

„Das war Ugos Idee, aber ich fand sie auch gut. Die Siebziger sind seine Lieblingsepoche. Und es kann sich bei uns ja nicht *immer* alles um Madonna drehen ..."

Alceo ist tatsächlich der größte Madonna-Fan, dem ich je begegnet bin. Nicht nur, dass sein DVD-Regal in Verona beinahe komplett mit Madonna-Konzertmitschnitten, Madonna-Dokumentationen und allen Madonna-Filmen bestückt ist – er bekommt auch ständig die aktuellsten Madonna-News direkt aufs Handy-Display geliefert. Ich erinnere mich an einen Sommernachmittag am Pool, als Alceo plötzlich von seiner Liege aufsprang und mit dem Mobiltelefon in der Hand zu mir kam.

„*Incredibile!* Madonna ist in Portofino! *Vedi com'è vestita!*"

Er reichte mir das *telefonino*, und auf dem Bildschirm war das jüngste Paparazzi-Foto der exzentrischen Sängerin zu sehen. Ihr Outfit, das Alceo so in Aufregung versetzt hat, bestand aus rustikalen Badeshorts und einem einfachen T-Shirt. Sie befand sich an Bord einer Yacht vor der ligurischen Küste. Neben ihr stand ein Bodyguard, der einen ausladenden Schirm über ihren Kopf hielt.

„Sie ist im Moment auf Tour und darf bei den Shows nicht zu braun sein", klärte mich Alceo damals auf. Es war mir unmöglich, zu ergründen, ob in seinem ernsthaften Ton nicht doch irgendwo eine Spur Ironie mitschwang.

Heute Nacht wurde auf Alceos Madonna-Manie wenigstens insofern Rücksicht genommen, als wir nach dem unvermeidlichen Countdown um Mitternacht für einige Minuten die Dekade wechselten und das neue Jahr mit ihrem Achtziger-Superhit „Like a Virgin" begrüßten.

Nachdem wir uns ausreichend abgekühlt haben, stürzen Alceo und ich uns noch einmal ins Getümmel – schließlich ist die Nacht noch jung! Mittendrin treffen wir auf einen ekstatisch tanzenden Ugo, dem seine Sternen-Brille inzwischen irgendwo abhandengekommen ist, was ihn aber nicht weiter zu stören scheint.

„Ein großartiger Anfang für das neue Jahr, *vero?*", ruft er mir atemlos zu, wobei er einige Mühe hat, die Musik zu übertönen. Ich versuche das gar nicht erst, stattdessen grinse ich Ugo breit an und nicke. So viel Spaß hatte ich zum Jahreswechsel schon lange nicht mehr!

Im Januar beginnt am ganzen Gardasee die ruhigste Zeit des Jahres, die etwa zwei Monate andauert, bis sich irgendwann ab Ende Februar die ersten zarten Frühlingsvorboten bemerkbar machen.

Die Winterstarre hat Lazise wieder fest im Griff. Wenn ich jetzt durch das *centro storico* spaziere, erinnere ich mich oft an die ersten Tage nach meiner Ankunft. Damals, vor einem knappen Jahr, erschien mir der ganze Ort verlassen, trostlos und grau, die wenigen belebten „Inseln" – der *alimentari*, die *tabaccheria*, die *bar* und der Friseur – waren kaum in der Lage, von der allgegenwärtigen Tristesse abzulenken.

Gehe ich heute, nachdem ich den Trubel einer langen Saison hautnah miterlebt habe, abends am *lungolago* entlang und betrachte die lange Reihe geschlossener Restaurants und Bars und den verwaisten Holzsteg, auf dem die *biglietteria* für die großen Passagierschiffe erst im Frühjahr wieder geöffnet wird, dann wirkt die momentan hier herrschende Stille und Einsamkeit wie eine wohlverdiente Ruhepause auf mich. Lazise wird für ein paar Wochen allein gelassen, bekommt wenigstens für einen Moment die Gelegenheit durchzuatmen und erlittene Blessuren zu behandeln – die Renovierungsarbeiten, die jetzt in so mancher *trattoria* und einigen Hotels stattfinden, bedeuten ja eigentlich nichts anderes.

Als ich am Ende der Uferpromenade angekommen bin, sehe ich, dass die Pause auch genutzt wird, um in der nächsten Saison noch mehr Geschäft zu machen. Wo bisher ein kleines, gemütliches Hotelrestaurant untergebracht war, sind nun Arbeiter mit Presslufthammer und Betonmischer am Werk. Der Lastwagen mit der neuen Einrichtung steht bereits vor der Tür. Auf dem Schild am Bauzaun lese ich, dass hier eine weitere große Bar entsteht, mit mehr als 150 Sitzplätzen. Keine Frage: Auch die werden im Sommer ausnahmslos besetzt sein.

Ich setze mich auf eine Bank und lasse den Blick über den See schweifen. Das Wasser ist grau wie der Himmel, der kalte Wind, der mich immer wieder frösteln lässt, sorgt für viele kleine Wellen mit vereinzelten weißen Schaumkronen.

Wie oft habe ich im vergangenen Jahr auf diese Wasseroberfläche geschaut? Und wie unterschiedlich hat sich mir der Gardasee im Laufe der Monate präsentiert? Sanft und spiegelglatt oder unruhig und aufgewühlt, in den unterschiedlichsten Blautönen, manchmal auch orange, dunkelrot oder sogar tiefschwarz. Stoisch und gleichmütig unter dem Ansturm von Tausenden von Booten, Surfbrettern und Badegästen – und an anderen, windigeren und kühleren Tagen beinahe vollständig sich selbst überlassen.

Doch auch ich war nicht zweimal dieselbe, wenn ich an seinem Ufer gesessen bin, den Wellen gelauscht und den frischen Geruch des Wassers genossen habe. Mal war ich euphorisch und glücklich, mal einsam und verzweifelt, an manchen Tagen ängstlich, dann auch wieder voller Zuversicht. Und in jeder dieser Höhen und Tiefen war der See meine Konstante, mein Fluchtpunkt, mein heimlicher Ansprechpartner und geduldiger Zuhörer, mit dem ich mich stundenlang über all das austauschen konnte, was mich beschäftigt hat. So sehr ich mich auf das freue, was vor mir liegt – auf meine Italienreise mit Florian und alles, was danach kommt –, so sicher bin ich mir, dass ich diese regelmäßigen Zwiegespräche sehr vermissen werde.

Bei diesem Gedanken muss ich unwillkürlich lächeln, zugleich fühle ich einen dicken Kloß im Hals. Eine größere Welle klatscht frontal gegen die Kaimauer, das Wasser spritzt hoch über das Pflaster der Promenade, und ich spüre, wie einige Tropfen auf meinem Gesicht und meinen Händen landen. *Non ti preoccupare,* mach dir keine Sorgen, flüstert der See. Du wirst wiederkommen, und ich werde hier sein.

Vicenza, Mantua, Parma, Cremona … – so viele wunderschöne Städte, die man vom Gardasee aus locker an einem Tag besuchen kann, und die ich trotzdem immer noch nicht gesehen habe. Am Anfang hat es sich so angefühlt, als hätte ich unendlich Zeit und müsste mich damit keineswegs beeilen. Außerdem galt es ja erst einmal, sich einzuleben. Dann kam der Sommer, und plötzlich war überall viel zu viel los. Außerdem fand ich es zu heiß für anstrengende Stadtbesichtigungen. Davor war ich mit dem Besuch meiner Mutter und danach mit dem von Florian beschäftigt. Dazwischen musste ich mich auch noch um meine Jobs kümmern und einige andere Dinge regeln. Und jetzt habe ich plötzlich das Gefühl, dass mir die Zeit davonläuft. Hatte ich mir nicht eigentlich vorgenommen, noch einmal nach Padua zu fahren? Immerhin kann ich nicht behaupten, dass der Heilige Antonius seit meinem letzten Besuch mit Mama untätig geblieben ist. Und wann werde ich wieder die Gelegenheit haben, einen spontanen Tagesausflug nach Venedig zu unternehmen?

„So viel warst du im ganzen letzten Jahr nicht unterwegs. Man sieht dich ja kaum noch!"

Francesca ist erstaunt, als ich ihr sage, dass ich gleich losmüsse, ich wolle nämlich heute nach Vicenza und zu den weltberühmten Palladio-Villen. Und das, wo ich ihr doch soeben noch von Andrea Mantegnas „Camera degli Sposi" vorgeschwärmt habe, die ich bei meinem gestrigen Ausflug nach Mantua im Palazzo Ducale betrachten durfte.

„Langsam wird eben die Zeit knapp", antworte ich entschuldigend, krame meinen Spickzettel aus der Hosentasche und reiche ihn Francesca. Darauf sind alle Städte und Sehenswürdigkeiten notiert, die ich vor meiner Abreise noch besuchen will. Glücklicherweise konnte ich auf der ziemlich langen Liste inzwischen schon einiges abhaken – allerdings mit dem Nebeneffekt, dass sich meine Vermieter langsam fragen, ob ich etwa schon ausgezogen sei.

„Eigentlich hatte ich ja nicht geplant, am Ende noch so ein straffes Programm durchzuziehen", gebe ich zu. „Außerdem muss ich ja auch die Reise mit Florian vorbereiten. Aber ich würde mich doch ziemlich ärgern, wenn ich es in dem ganzen Jahr, das ich am Gardasee verbracht habe, nicht geschafft hätte, all diese schönen Orte mindestens einmal zu besuchen! Und der Winter ist die beste Jahreszeit für Stadtbesichtigungen. So wie letztes Jahr an meinem Geburtstag, als wir beide in Venedig waren. Da möchte ich übrigens in den nächsten Tagen auch noch einmal hin. Wenn du willst, kannst du gern wieder mitkommen!"

„*Grazie*, aber das schaffe ich beim besten Willen nicht", antwortet Francesca. „Matteo ist auf Dienstreise, deshalb muss ich ein paar Extraschichten im Büro einlegen. Und das, obwohl Luis und ich ja selbst bald wegfliegen und ich noch keinen einzigen Gedanken ans Packen verschwendet habe ..."

Nachdem Luis letztes Mal allein nach Südamerika geflogen ist, reisen die beiden dieses Jahr wieder gemeinsam für zwei Monate zu seiner Familie nach Brasilien. Schon vor einigen Wochen haben sie die Tickets gekauft.

„Aber grüß' mir die *Serenissima*, wenn du dort bist!"

Für meinen Abschiedsbesuch in Verona haben sich Ugo und Alceo etwas ganz Besonderes ausgedacht: Sie laden mich zu einer Aufführung ins traditionsreiche „Teatro Nuovo di Verona" ein! Und zwar nicht zu Shakespeares *„Romeo è Giulietta"*, das aus nachvollziehbaren Gründen gern dort gegeben wird, sondern zu einem zeitgenössischen Stück unter der Regie und der Mitwirkung des italienischen TV- und Kinostars Luca Zingaretti.

Dieser charismatische Glatzkopf ist jedem ein Begriff, der schon einmal eine Verfilmung der legendären Sizilien-Krimis von Andrea Camilleri gesehen hat. Zingaretti verkörpert darin die Hauptfigur, den knallharten und knorrig-sympathischen Commissario Montalbano.

In der kunterbunten Trostlosigkeit der italienischen Fernsehlandschaft waren diese Krimis während der letzten Monate meine heißersehnten Oasen. Beinahe jeden Montagabend habe ich mich mit Montalbano auf Mörderjagd in die Gluthitze der südsizilianischen Provinz begeben. Allerdings mit Hilfe der italienischen Untertitel für Hörgeschädigte – sonst hätte ich von dem genuschelten Inseldialekt, den Zingaretti und seine Mitstreiter in den Filmen sprechen, kein einziges Wort verstanden.

Ein bisschen älter und gesetzter als in den Krimis sieht der Schauspielstar nun aus, da ich ihn live auf der Theaterbühne erlebe. Doch seine Bühnenpräsenz ist beeindruckend – und er spricht ein nuschelfreies, allgemeinverständliches Italienisch, sodass ich dem Stück sogar ohne Untertitel problemlos folgen kann.

„Wenn ihr in Sizilien seid, du und dein *fidanzato*, werdet ihr auch keine *sottotitoli* zu Hilfe nehmen können", erklärt Alceo schmunzelnd, als wir uns nach dem Schlussapplaus von unseren bequemen Klappsesseln mit rotem Stoffbezug erhoben haben und auf dem Weg zur Garderobe sind. Und dann fügt er mit einem Augenzwinkern hinzu: „Ich prophezeie dir, dass du dich noch so manches Mal nach der klaren und gewählten Aussprache sehnen wirst, die wir hier im Veneto pflegen."

„Mein lieber Alceo", antworte ich, „ich habe hier in Verona und auch in Venedig Einheimische miteinander reden hören – und was die gesprochen haben, hatte ebenfalls nicht viel mit Italienisch zu tun. Wir wissen doch beide, dass die Wiege eurer Hochsprache nicht hier steht, sondern in der Toskana ..."

„I toscani ...!" In Alceos Stimme schwingt unverhohlene Verachtung mit. „Die arroganten Florentiner haben schon immer geglaubt, sie seien der Nabel der Welt!"

Ich hätte nicht gedacht, dass ich zum Abschied noch eine so eindrucksvolle Lektion in italienischem *campanilismo* erhalten würde: Die Genuesen? Sind furchtbar geizig. Die Florentiner? Total hochnäsig. Die Neapolitaner? Viel zu laut! Die Römer? Grob und vulgär. Nur in *meiner* Stadt oder in *meiner* Region werdet ihr wahrhaft kultivierte Menschen finden! So oder so ähnlich denken offenbar viele in diesem Land, und es heißt, dass die vielbeschworene Einheit Italiens in der Realität nur bei Fußballländerspielen für knapp zwei Stunden besteht.

Nun, ich werde mir in den kommenden Monaten mein eigenes Bild machen – und dann entscheiden, welchem *campanile* ich mich am ehesten zugehörig fühle ...

Irgendwann ist es dann schließlich so weit: Die Stationen meiner Reiseroute mit Florian – angefangen im hoffentlich schon bald frühlingshaften Sizilien, von wo aus wir uns langsam nach Apulien und dann über Mittelitalien in Richtung Norden vorarbeiten werden – sind festgelegt und vorbereitet. Unterwegs möchte ich nicht nur Touristin sein, sondern arbeiten, wie ich es hier am See getan habe: Nach spannenden Themen Ausschau halten, recherchieren, Artikel schreiben.

Ich habe mich noch einmal mit Giuseppe getroffen – dem freundlichen und redseligen Kalabresen, den ich im Olivenhain in Bardolino kennengelernt habe – und angekündigt, dass wir auch Tropea besuchen wollen. Er hat sofort seine Schwägerin benachrichtigt und bei ihr eine Ferienwohnung für uns reserviert. Wenn es irgendwie geht, möchte er uns in seiner Heimat treffen.

„La prossima volta ci vediamo in Calabria!", hat er mir zum Abschied hinterhergerufen. Ja, das nächste Mal werden wir uns in Kalabrien sehen.

Zwischendurch, in ruhigeren Momenten, habe ich immer wieder darüber nachgegrübelt, was dieses Jahr am Gardasee denn nun eigentlich für mich bedeutet, ob ich in diesen Monaten etwas gelernt habe – und wenn ja, was?

„Der Gardasee ist nicht Italien", habe ich schon vor längerer Zeit festgestellt. Und das stimmt wohl auch. Aber für mich ist er das *Eingangstor* nach Italien geworden – ein Tor, das weit offen steht und viele Menschen aus den verschiedensten Ländern und mit den unterschiedlichsten Hintergründen willkommen heißt, das Arbeitswilligen aus Süditalien, Bulgarien, Rumänien und sogar Brasilien ein Auskommen bietet und gleichzeitig Erholungssuchenden aus den umliegenden italienischen Industriezentren, aus Deutschland, Österreich, der Schweiz und vielen anderen Ländern für einige Tage oder Wochen im Jahr *„dolce vita"* und Entspannung verspricht – ob sie sich darunter nun ein Luxushotel mit erlesenem 5-Sterne-Menü vorstellen oder einen Zeltplatz, „Pizza Wurstel" und Lambrusco.

Ich habe gelernt, dass sich der *Lago di Garda* trotz des unaufhörlichen Kommens und Gehens, trotz des Freizeitpark-Charakters, den manche seiner Uferabschnitte im Sommer annehmen, sein Geheimnis und seine Würde bewahrt hat. Der See hat bereits in der Antike wohlhabende römische Bürger gesehen, die an seinen Stränden prunkvolle Villen errichteten, dann mittelalterliche Fürsten, die seine Ufer mit wehrhaften Burgen befestigten. Später hat er erlebt, wie Mailänder und Venezianer blutige Kriege führten, weil sie alleinigen Besitzanspruch auf ihn erhoben – genau wie einige Jahrhunderte danach die österreichischen Habsburger und der französische Kaiser. Er hat den größenwahnsinnigen D'Annunzio ebenso überstanden wie Mussolini, dessen kläglichen Niedergang er aus nächster Nähe verfolgen konnte. Was soll ihn nach all dem noch erschüttern?

Außerdem hat der *lago* mächtige, unsichtbare Verbündete: *Peler, Ora* und all die anderen Winde, die täglich über ihn hinwegfegen, scheinen den Lärm und die Oberflächlichkeit des Tourismus-Booms weit mit sich fortzutragen, als würden sie unablässig die Majestät und die Ruhe des Sees beschützen, die schon lange vor den Menschenmassen da waren und die uns alle bei Weitem überdauern werden.

„Weißt du, langsam gewöhne ich mich daran, dass ich, wenn ich eine meiner Töchter zu Gesicht bekommen möchte, quer durch Europa reisen muss." Meine Mutter seufzt etwas theatralisch ins Telefon. Aber sie hat natürlich recht: Nicht nur, dass ich seit einem Jahr am Gardasee bin und sich meine Rückkehr durch die geplante Reise nochmal um Monate verzögert, auch meine beiden Schwestern haben dem bayerischen Alpenvorland längst den Rücken gekehrt und sich in den letzten Jahren an verschiedenen Orten im Ausland niedergelassen. Derzeit leben sie in der Schweiz und in London.

„Aber immerhin komme ich auf diese Weise regelmäßig dazu, schöne und interessante Gegenden zu bereisen." Kaum hat er sich leise bemerkbar gemacht, ist Mamas Trübsinn auch schon wieder auf dem Rückzug. Und was unseren nächsten geplanten Treffpunkt angeht, hätte es ja wirklich schlimmer kommen können.

„Die Toskana im Mai – das wird sicher traumhaft!", schwärmt sie bereits wieder, während mich der Signalton aus dem Telefonhörer darauf hinweist, dass mein Guthaben aufgebraucht ist und die Verbindung in wenigen Sekunden getrennt wird.

„Mama, die Karte ist leer. Ich ruf' dich wieder an!"

Ein Klicken, ein Moment Stille, dann das Freizeichen. Ich hänge den Hörer auf die Gabel, kehre der Telefonzelle den Rücken zu und schlendere nachdenklich über das regennasse Schachbrettmuster der Piazza Vittorio Emmanuele II. Dieses seltsame, unangenehme Gefühl – so als würde mein Herz nach Norden gezogen, dorthin, wo das Haus steht, in dem ich aufgewachsen bin, in das Wohnzimmer, in dem Mama sitzt, wenn sie mit mir telefoniert – kenne ich inzwischen. Es wird noch ein wenig anhalten, dann langsam schwächer werden und – vielleicht morgen, vielleicht auch erst in ein paar Tagen – vergehen.

„*Stella*, ich weiß noch genau, wie du das erste Mal hier hereingekommen bist! Damals hast du dich ewig vor dem Regal mit den Keksen herumgedrückt und dann eine Packung von den billigsten gekauft – dazu ein bisschen Brot und zwei Orangen!" Cristina hebt grinsend den Zeigefinger. „Ich glaube ja, du wolltest dich damals eigentlich nur aufwärmen, weil es draußen so kalt war. *Vero*?"

„*Vero*", bestätige ich seufzend und spiele für einen Moment die ertappte Sünderin, bevor wir beide lachen müssen.

Meine Abschiedsrunde durch Lazise habe ich bis zum

allerletzten Moment hinausgezögert – vielleicht, weil ich so lange wie möglich verdrängen wollte, dass ich mit dem Aufbruch vom Gardasee auch *arrivederci* zu vielen neu gewonnenen Freunden sagen muss. Doch heute habe ich mir endgültig einen Ruck gegeben und mich auf den Weg zu all den Leuten im Ort gemacht, die mir in den vergangenen Monaten besonders ans Herz gewachsen sind – so wie Cristina, die Verkäuferin im *alimentari*. Als wir uns zum Abschied umarmen, haben wir beide mindestens eine Träne im Auge.

„Pass' gut auf dich auf – und komm' bald wieder zu uns", ermahnt sie mich, während sie in den Tiefen ihres weißen Kittels nach einem Taschentuch sucht. Ich verspreche ihr, dass ich wohlbehalten zurückkehren werde, und wir umarmen uns noch einmal. Als ich schon auf dem Weg zur Tür bin, ruft Cristina mir nach: „*Stella*, fast hätte ich's vergessen. Nimm dir noch eine Packung *biscotti* mit auf den Weg, ja? Die gehen auf mich. Aber bloß nicht die billigsten!"

Als nächstes führt mich mein Weg zu Paola und Giorgio, die wie immer im Partnerlook – heute dominiert Hellblau – in ihrem Friseursalon zugange sind. Auch sie verabschieden mich sehr herzlich und fordern mich auf, möglichst bald wieder bei ihnen vorbeizukommen und von meiner Italienreise zu berichten.

„Sie fahren weg? Das ist aber schade!" Die Stimme kommt vom anderen Ende des Salons, wo seit meinem Eintreten eine ältere Dame mit unzähligen Lockenwicklern auf dem Kopf in einer Zeitschrift geblättert hat. Als ich genauer hinsehe, kommt mir ihr Gesicht bekannt vor ... Natürlich! Die nette *signora*, die Florian das Zimmer vermietet hat.

„Wie geht es Ihrem *fidanzato*?", möchte sie sogleich wissen, nachdem wir uns die Hand gegeben haben.

Ich erzähle, dass es Florian gut gehe und berichte von unserer geplanten Reise.

„Na, da haben Sie ja einiges vor", stellt die Dame schließlich mit einem anerkennenden Nicken fest. Und dann sagt auch sie, was ich heute wohl noch oft zu hören bekommen werde:

„Passen Sie gut auf sich auf! *E buon viaggio!*"

Im *tabacchi* – der nächsten Station auf meiner Runde – stehen gerade Jolanda und Enrichetta, die zwei ältesten der vier Betreiberinnen, hinterm Verkaufstresen. Doch nachdem ich erzählt habe, dass ich gekommen bin, um mich zu verabschieden, holen sie Paola dazu, die gerade im Lagerraum beschäftigt war. Nur Elena, die junge *mamma*, ist zu Hause bei ihren Kindern.

Auch hier bekomme ich viele gute Wünsche mit auf den Weg – und wie so oft im vergangenen Jahr entspinnt sich im Anschluss ein vielstimmiges Geplauder im ganzen Laden, das in Windeseile von einem Thema zum anderen und manchmal auch wieder zurück springt und das mich so wohlig umfängt, dass es mir schwerfällt, nach dem letzten *„Arrivederci!"* endgültig die Tür hinter mir zuzuziehen. Doch es geht nicht anders, schließlich möchte ich heute auf jeden Fall noch zu Rita und Luciano!

„In Griechenland war es wunderschön! Wir haben uns erst Athen angesehen und dann eine Tour über die Peleponnes gemacht."

Ich sitze am Küchentisch in der Wohnung über der immer noch geschlossenen Bar, draußen ist bereits die Dämmerung hereingebrochen. Rita hat mir eine Tasse Tee gemacht und erzählt vom Familienurlaub, der bei ihnen notgedrungen stets im Winter stattfindet. Ihr Bruder Giampaolo ist noch in Thailand und kommt erst zur Saisoneröffnung wieder.

„Aber vorher müssen die Handwerker in der Bar fertig werden", wirft Luciano ein, der gerade mit Einkaufstaschen bepackt zur Tür hereinkommt. „Und die neue Spülmaschine wurde auch noch nicht geliefert!“ Wieder muss ich an die wohlverdiente Ruhepause denken und an die größeren und kleineren Blessuren, die jede Sommersaison hier hinterlässt.

Eine Weile sitzen wir noch zusammen und plaudern über das vergangene Jahr, über Griechenland und über meine bevorstehende Tour. Dann ist es Zeit für mich zu gehen.

Als ich Rita und Luciano zum Abschied umarme, bedanke ich mich noch einmal für ihre Unterstützung.

„Ihr habt mir wirklich sehr geholfen! Ohne euch wäre ich hier längst nicht so gut zurechtgekommen.“

„*Ma figurati!* Das ist doch nicht der Rede wert“, antwortet Rita. „Wir danken *dir*!“

„Falls du im Sommer wieder einen Job brauchst, melde dich einfach! Gutes Personal ist schließlich nicht leicht zu finden!“, fügt Luciano grinsend hinzu. „Wenn ich dich richtig verstanden habe, müsstet ihr im August ja wieder hier in der Gegend sein, oder?“

In der Wohnung von Francesca und Luis stehen alle Zeichen auf Aufbruch. Das liegt nicht nur an *meinen* Koffern, die ich bereits für meine Abfahrt am nächsten Morgen in einer Ecke der Wohnküche bereitgestellt habe. Auch meine beiden Vermieter sind jetzt mitten in ihren Reisevorbereitungen, denn schon nächste Woche geht es für sie nach Brasilien. Francesca hat eine To-Do-Liste an den Küchenschrank gepinnt, und überall stehen halb gepackte Taschen herum. Nur den Esstisch haben die beiden freigeräumt – schließlich steht heute Abend unser Abschiedsessen an.

„Ich fürchte, wir werden diesmal wieder Übergepäck haben“, seufzt Francesca, während sie die Pasta mit einem riesigen Löffel auf drei Teller verteilt. „Aber Luis möchte nun mal immer für alle Geschenke mitnehmen. Bei so vielen Cousins und Cousinen kommt da ganz schön was zusammen! Und wie sieht es bei dir aus, Giulia?", wechselt sie schließlich das Thema. „Bist du abfahrbereit?"

Ich nicke.

„Morgen Vormittag hole ich Florian am Bahnhof in Verona ab – und dann starten wir gleich durch Richtung Süden."

„Dann stoßen wir jetzt darauf an, dass ihr eine tolle Zeit haben werdet!", verkündet Luis feierlich und erhebt dabei sein Weinglas. Wir tun es ihm gleich, und ich wünsche meinen Vermietern ebenfalls eine gute Reise und wunderschöne Wochen in Luis' Heimat.

Bis spät in die Nacht sitzen wir nach dem Essen noch zusammen und schwelgen in Erinnerungen an unser gemeinsames Jahr, an unzählige ausufernde Gespräche zwischen Tür und Angel, an gemeinsame Vespafahrten auf der Gardesana und die Lektionen im *Motorino*-Fahren, die mein *fidanzato* tapfer absolviert hat, an die „Modenschau" bei Francescas Schwester Chiara anlässlich der Hochzeit von Alessandros Cousine – und nicht zuletzt an ein unvergessliches Weihnachtsfest im Kreis von Francescas Familie.

Später, in meinem Zimmer, liege ich noch eine ganze Weile wach. Schwaches Mondlicht fällt in die schmale Gasse vor meinem Fenster. Es herrscht Stille, zu hören ist nur das gelegentliche Glucksen des winzigen Heizkörpers bei seinem aussichtslosen Kampf gegen die winterliche Kälte. Doch an die bin ich längst gewöhnt, sie raubt mir nicht mehr den Schlaf. Was ist es dann? Der Abschiedsschmerz? Die Vorfreude? Die vielen freundlichen Worte und all die von Herzen kommenden guten Wünsche, die ich heute gehört habe und die mir immer wieder durch den Kopf gehen?

Schließlich siegt die Müdigkeit dann doch gegen das Stimmengewirr in meinen Gedanken, und ich versinke in einen unruhigen Schlaf. Im Traum schwebe ich hoch über dem in der Sonne glitzernden See, höher als die Gipfel der mächtigsten Berge an seinen Flanken. Dann ist das Wasser plötzlich ganz nah, ich fliege mit rasender Geschwindigkeit darüber, spüre den Wind im Gesicht und in den Haaren. Ich blicke zur Seite, da steht Alessandro, das Steuerrad in den Händen, er lächelt, seine dunklen Augen haben mich fest im Blick.

„Ciao, bella! Una mattina splendida, no?“

Die Worte kommen von draußen, von der schmalen Gasse vor meinem Fenster, auf die inzwischen die ersten Sonnenstrahlen des Tages fallen. Die raue und tiefe Stimme gehört nicht Alessandro, sondern einem gut gelaunten Nachbarn, der eine Bekannte grüßt. Ich richte mich auf und sehe mich blinzelnd um. Kein Zweifel, der Nachbar hat recht: Es ist ein wunderschöner Morgen!

Als ich am Ortsschild vorbeifahre, auf dem das Wort „Lazise“ mit einem schwarzen Balken durchgestrichen ist, ist es endgültig so weit: Ein Abenteuer endet – ein neues beginnt!

Im Kofferraum und auf dem Rücksitz stapelt sich mein Gepäck. Es ist nicht weniger geworden im vergangenen Jahr. Ein bisschen Platz ist trotzdem noch frei – ich hoffe jedoch sehr, dass Florian nur *einen* Koffer dabei hat, wenn ich ihn gleich am Bahnhof von Verona treffe.

Die Strecke, die wir von dort bis nach Sizilien zurücklegen werden, dürfte etwa 1400 Kilometer lang sein. Mit einer Hand streiche ich sanft über das Armaturenbrett meines Kleinwagens.

„Du bekommst in nächster Zeit einiges zu tun“, stelle ich fest und versuche dabei möglichst mitfühlend zu klingen. Warum sollte ich nicht mit meinem Auto reden? Noch bin ich schließlich allein und kann tun, was ich will, ohne dass neben mir jemand irritiert die Augenbrauen hochzieht oder mich skeptisch belächelt.

„Aber du wirst das schon schaffen!“ Aufmunternd klopfe ich auf das Lenkrad. „Schließlich hast du ein italienisches Herz!“